法藏知津

六　編

杜潔祥　主編

第12冊

釋悟光的宗教修學經歷與抉擇（1918～1972）

高璽鈞　著

花木蘭文化事業有限公司

國家圖書館出版品預行編目資料

釋悟光的宗教修學經歷與抉擇（1918～1972）／高璽鈞 著—初
版—新北市：花木蘭文化事業有限公司，2019〔民108〕
目 4+170 面；19×26 公分
（法藏知津六編 第 12 冊）
ISBN 978-986-485-613-8（精裝）
1. 釋悟光 2. 學術思想 3. 佛教哲學
733.08 108000394

ISBN-978-986-485-613-8

法藏知津六編
第十二冊 ISBN：978-986-485-613-8

釋悟光的宗教修學經歷與抉擇（1918～1972）

作　　者	高璽鈞
主　　編	杜潔祥
副總編輯	楊嘉樂
編　　輯	許郁翎
出　　版	花木蘭文化事業有限公司
社　　長	高小娟
聯絡地址	235 新北市中和區中安街七二號十三樓
	電話：02-2923-1455／傳真：02-2923-1452
網　　址	http://www.huamulan.tw 信箱 hml810518@gmail.com
印　　刷	普羅文化出版廣告事業
初　　版	2019 年 3 月
定　　價	六編 17 冊（精裝）新台幣 36,000 元

釋悟光的宗教修學經歷與抉擇（1918～1972）

高璽鈞　著

作者簡介

高璽鈞，臺灣澎湖人。東吳大學中國文學士、日本語文學士，國立中山大學中國文學碩士。曾赴日本國立琉球大學交換留學，佛教與東亞文化國際研修班結業。研所求學時深受聖嚴法師、方東美、冉雲華等碩學之論著影響，因而由文學跨域佛教學。撰寫學位論文期間，復因議題之導向，橫跨佛教歷史與思想、顯教與密教佛學等範圍。目前研究領域涉及高僧傳、高僧思想、眞言密教思想、現當代漢傳佛教史等。著有《釋悟光的宗教修學經歷與抉擇（1918～1972）》等作。

提　　要

　　本論傳主釋悟光（1918～2000）爲戰後首位得傳高野山眞言宗中院流法脈之臺籍僧侶，爲臺灣戰後弘傳東密知名大德。悟光出生於信仰混雜的臺灣社會，自幼素有祭祀科儀之興趣，及長遊歷諸方尋仙訪道而無驗，後遇禪師指點「悟心」之旨，因此轉而學佛。1955年悟光抵竹溪寺開啓學佛之途，1957年禮釋眼淨（1898～1971）出家。悟光學佛正逢戰後大陸佛教主導的臺灣教界環境，悟光跟隨受到釋太虛（1890～1947）理念影響的眼淨學習行政、興辦教育，復振竹溪寺法務。然悟光尋思深入修持，遂入關三月。後遇貢噶（1903～1997）而轉習藏密，學諸藏法。然悟光不自滿意，1969年往六龜閉關三載，持咒感應、閱藏著書，修學不斐。復以修學疑惑不得解釋，1971年赴日本高野山求學眞言密法，獲授灌頂，得法證位。1972年返臺，開始布教，其著作遍及日本密教譯述、東密思想闡釋等，教學則宗東密典籍與空海思想，更以密教元素設計本山道場，顯露悟光定向東密的抉擇。

　　悟光的宗教經歷體現其修學的種種澱積，而所處時代諸般因緣的牽引連動，終使悟光抉擇修學方向。這段歷程反映其生命橫跨臺灣歷史的戰前與戰後，追尋宗教修行歷經轉折，最終皈向生命所趨的東密道途。

誌　謝

回首向來蕭瑟處，歸去，也無風雨也無晴。

—— 〔宋〕蘇軾〈定風波〉

　　文學院高樓對望海峽，西子灣海潮回應黌廈。回首山海歲月竟成多載春秋以後人生風景的一隅。我的求學生涯似乎與山海有緣，而山海的跫音不時迴我以大塊聲響。

　　當年步入蟄居柴山半嶽的文學院。就讀研究所伊始，對於宗教學的研究懵懂未知，卻因《民俗誌文獻學》啓開我對宗教研究的視野。在經學學者楊濟襄老師的引領下，逐漸浸染於宗教文化領域。後據中文系規定，承蒙濟襄老師首肯，收爲指導學生，在論文進程的安排上惠予關懷。

　　後復透過濟襄老師轉介，更訪哲學學者越建東老師。此後數年，因此追隨建東老師研學佛教思想、參訪寺院，來往於義學與修行的議題。致有參訪密教道場五智山光明王寺的因緣。建東老師在我漫長的論文歷程中無私地支持與指點。這段探討悟光上師修行之路的旅程，實由老師的鼓勵肇啓與促成。

　　回首 2014 年，透過建東老師的引薦，尋訪歷史學者陳玉女老師。未想承蒙師長肯納，能令系列門牆。初探史學領域，我陌生於研究方法的理路，撰寫方式種種轉折，漫長的論述處理之路，終在老師屢次的點撥之中，漸開史學研究之徑，逐見論文的方向與面貌，讓我得能窺見史學的浩瀚學海。此外亦感謝玉女老師研究室的諸多學友，共同行走在人文研究之道的因緣殊爲不易。有成大師友的包容與協助，方有今日拙著的付梓。

　　感謝闞正宗老師，撥冗南下指導。自步入佛教史研究以來，實已欽仰正宗老師，編採臺灣佛教史料之豐沛與研究的持平、嚴謹。經老師多方指正，

爲論文尙未明晰之處，點開如實具體的方向。

此外，2015 年負笈日本研究時，受到國立琉球大學金城弘美老師與沖繩國際大學石垣直老師諸多照顧與提點，亦是寫作旅途中惠我良多的重要師長。

特別銘謝五智山眞言宗光明流管長暨五智山光明王寺住持徹定法師，自論文撰寫以來，每訪光明王寺拜見法師，即蒙管長關懷垂問。更屢次承教管長，受示眞言密教曼荼羅之要義與悟光上師的思想、行藏。振聾發聵之言，令末學稍開蒙昧心眼，能初解密教之奧妙深旨。徹逐法師期間熱心協尋上師文物等諸種檔案，盡其所憶，回溯歷史。更曾偶遇香港分院徹鴻法師熱心提供所憶及的上師行止。五智宗門惠賜上師珍貴的文檔、教示與祝福，是末資在研究途中，至爲重要的心靈支持。

宗教學研究的學友：負笈美國的凌暉，以其探研藏學的專業，提供許多藏傳佛教的寶貴文獻，以及橫跨東西半球不時的討論；求學中國的錢寅，協助影印大學收藏的研究文獻，期間書信往返，令我想起古時文人論學的誠摯；留學加拿大的王玥，指點了道教藏經發展的實況。三位各居世界一隅的學友，以問學聯繫彼此，是研究途中，最欣愉的學術旅程。

中文研究的學友，臺師的紘佑、臻儀，政大的張育。雖在三地，卻仍彼此鼓勵、支持，回應各種漢學研究的辛酸與波折，勉勵這段漢學之路的願想與初衷。此外也特別感謝在論文撰寫時，給予我祝福與回向的學友秀睿，是中山研究佛教學重要的夥伴。還有碩班同學姿君，熱心提供我口試相關協助。

此外，輾轉東亞工作的俊元、赴日就勤的章傑、家綸，在不同專業領域間彼此交流，也給予我莫大的策勵；身在歐洲的毅熙，時常捎來問候，分享旅途的見聞，讓我得觀歐陸的風景，重整心情、再度出發。網球夥伴，書銘、修宏、育鴻、奕勳等人，常在球場伴我運動、揮灑汗水，度過論文撰寫的時光。

研究期間，輾轉依循上師的足跡，找尋半世紀以前的飛鴻雪泥。因此得識竹溪寺資定法師，法藏講堂慶定法師，臺疆祖廟大觀音亭暨祀典興濟宮管委會文教組吳秘書與耆老鄭凱銘老居士，德化堂蓮姑長者，中醫師鄭清海居士，臺南佛教界耆老鄭偉聲老居士，龍山內院郭政呈居士伉儷，重慶寺吳芳齡居士、李儀嬋居士、童大眞居士、郭漢忠居士、郭昭文居士，淨心佛學圖

書館關妙芬師姊，《臺南府城竹溪寺傳承發展史之研究》作者自憲法師，佛光大學潘襎教授等貴人。諸方的師友雖因研究而初識，卻給予我如舊友般的關懷與祝福，因此也成為我撰著路途中一股寬慰的暖流。

最終，衷心感恩家人的支持、陪伴、鼓勵。尤其父母親默默支撐起家庭這個最重要的後盾。而舍妹總以語言學研究的視野，切入問題的癥結，展開另一面向的觀察，協助我掌握學術研究的要點。

自幼信仰上的支柱，臺南市安平觀音亭、大觀音亭與南天府神明菩薩的照拂，以及庇佑我在中山大學求學的高雄市文武聖殿與元亨寺等諸尊菩薩，亦是我時刻感念的精神信仰，在難行能行的研究之路上惠予加被與扶持。

感謝諸多師長親友一切的鼓勵與肯定，以及曾經在研究道途上，提供所有建議、提醒、寬慰、鼓勵、陪伴等支持的友人，這些族繁不及備載的善緣，都是這段跌跌撞撞的研究歷程不可或缺的動力。

拙論是初步的嘗試之作，意不在有多少成果之顯露。而是敬向臺灣佛教的東密領域投石問路，這本才疏學淺所成之言，雖於諸方學者悉心指導與人文學術嚴謹規範之下進行研究。然區區心得，尚不足顯真言密教思想之奧旨，亦未可徵臺灣東密歷史之發展。懇望有心研究的各界賢達，能付與更多關注在真言密教領域，提供更為完善的研究與探討。

若有薄淺之言或是錯訛之處，請歸於筆者學問伺陋之失。望不減諸方學人對於真言密教研究的願趣，亦不減真言密教思想之豐蘊。

回首來時路，一切皆在三寶恩光的加被與悟光上師的護念之下。史事或藉論文的撰著逐漸明朗；心靈或隨經藏的探研逐漸安定。履行的道途，終究也無風雨也無晴。願諸具恩親、師、學、友平安喜樂，福慧自在。謹此至禱，是為誌謝。

佛曆 2560 年歲次丁酉時節夏至三寶弟子高璽鈞　謹謝

目

次

圖目次

第一章 緒 論

第一節 研究動機

　　佛教自明、清之間傳入臺灣。日治時期，日本佛教隨從軍布教僧渡海傳播來臺，臺灣佛教再添入不同的宗派傳統。其中，日本佛教的「眞言宗」，又稱「東密」，是日僧空海自唐承法返日所確立的密教宗派。眞言宗 1896 年始，即有從軍僧抵臺開教，日治時期創立布教所約 15 座，〔註1〕信徒 1 萬餘人。〔註2〕然 1945 年日軍撤臺以後，隨著常住僧侶的離開，眞言宗的勢力急速消退，以至於戰後至 1970 年代以前，東密傳播幾乎空白。〔註3〕這種東密勢力的消逝，其實與密教思想儀軌的繁複、傳法的保守嚴謹復加外在政治力的消長等因素不無關係。無論如何，戰後臺灣佛教版圖迅速的轉移，復以大陸佛教的勢力爲主流，日本佛教文化也付諸大陸佛教的洪流之中。

　　筆者過去研究臺灣佛教之發展時，偶然注意到當代的東密傳播。因而得知戰後最早由釋悟光（1918～2000）以臺籍僧侶身分得東密法傳，在臺布教。關於悟光生平，雖有傳略陳述，然篇幅簡要，許多行藏未甚清晰。進行田野調查時，如筆者所訪談者：接任光明王寺住持的法嗣釋徹定、曾長期擔任悟光侍者的弟子釋徹逵與 1980 年代即投皈悟光的門人釋徹鴻等僧侶。由於皆是

〔註1〕闞正宗：〈眞言宗在臺開教史──兼論戰後寺宇存廢〉，《護僧》第 56 期（2009年），頁 15。
〔註2〕松金公正：〈日據時期日本佛教之台灣佈教──以寺院數及信徒人數的演變爲考察中心〉，《圓光佛學學報》第 3 期（1999 年），頁 217。
〔註3〕黃英傑：〈日本眞言宗在台灣的隨軍布教（1896～1945）初探〉，收入呂建福主編：《密教的派別與圖像》（北京：中國社會科學出版社，2014 年），頁 90。

跟隨悟光弘法佈教、開山建寺的早期弟子，對於悟光自日得法返臺以後的事蹟知之較詳。然 1972 年以前悟光的修學歷程，各門人雖因長期與悟光互動而多少獲知其歷史。總體而言，仍屬斷簡殘篇，無法彙整成爲一段詳細的歷程，許多經歷未得明朗。這段塵封的歷史，也因此興發筆者整理悟光宗教修學經歷的願想。

再者，悟光 1955 年抵竹溪寺，1957 年披剃圓頂。出家以後的悟光，不斷地追尋各種修行，最終抉擇遠赴日本，求法東密，之後的定向亦是東密法統。悟光密教的轉向，固然有其內在宗教興趣的選擇。然如黃英傑、陳兵、鄧子美等學者的研究，皆指出臺灣的東密發展自戰後幾近煙沒，直至 1970 年代悟光自高野山得法返臺布教，東密方復傳播。〔註4〕故在戰後東密環境如此貧瘠的情況下，悟光爲何抉擇求法東密？此間如何轉折，由於目前並無研究探討悟光宗教轉向的議題。本論亦藉此研究機會，探討悟光如何逐漸走向東密的殿堂。

【圖 1-1-1】釋悟光身著高野山真言宗僧衣與袈裟

資料來源：釋徹定：《佛教真言宗五智山光明王寺》，
高雄：藝敏出版社，2002 年，頁 1。

〔註 4〕黃英傑：《民國密宗年鑑》（臺北：全佛文化，1995 年），頁 259～260；陳兵、鄧子美：《二十世紀中國佛教》（臺北：現代禪出版社，2003 年），頁 409。

　　悟光生平橫跨臺灣歷史的戰前與戰後——「日本殖民統治（1895～1945）」與「中華民國在臺灣（1945～迄今）」兩時期。〔註5〕歷經民間信仰、中國佛教、藏傳佛教與日本佛教的修學過程，宗教經驗完整、人生閱歷豐富，一生行藏宛如臺灣現當代歷史的投射。

　　若觀察近現代華人僧侶之生平傳記，經常可以看到在時代背景的大歷史浪潮中，所波濤出的跌宕人生。而諸僧侶高道，在走過人世的驚滔駭浪，闖渡人生的無常世事後，也多有對於時代歷程的喟嘆，顯見其生命記憶在社會變動中所投射出的歷史光影。〔註6〕

　　透過悟光宗教修學歷程的梳理與探究，亦能藉此看到臺灣歷史發展的另一個視角，透過歷史的進程返察悟光學修經歷的各種景況與轉折，亦可看到悟光最終抉擇東密的因素與影響。

第二節　文獻回顧

　　關於悟光研究，目前學界呈現的結果仍屬冷門。而原始文獻也是處於極為缺乏的景況，但筆者透過諸方蒐集，將分幾個部分回顧相關文獻。其一，是關涉悟光傳記資料的記載與留存情況；其二，是有關悟光研究的學術成果；其三，是有關於臺灣東密發展的研究文獻。

〔註5〕本分期定名參考張勝彥、吳文星、溫振華、戴寶村：《臺灣開發史》（臺北：國立空中大學，1996年）；張勝彥、吳文星：《認識臺灣（歷史篇）》（臺北：國立編譯館，1997年）。

〔註6〕舉如釋虛雲（1869～1959）曾自述「坐閱五帝四朝，不覺滄桑幾度；受盡九磨十難，了知世事無常。」虛雲在雲門事件次年自述一生行藏的詩偈，頗有滄桑度盡之感。詳見于凌波：《民國高僧傳初編‧江西雲居山釋虛雲傳》（新北：雲龍出版社，2005年），頁37；王見川：〈還「虛雲」一個本來面目：他的年紀與事蹟新論〉，《圓光佛學學報》第13期（2008年），頁169。釋太虛（1890～1947）於〈重歸雪竇〉一詩，藉著雪竇寺的興廢，寄情其生平的風雨驚濤：「妙高欣已舊觀復，飛雪依然寒色侵。寺破亭空古碑在，十年陳夢劫灰尋。」詳見釋印順：《太虛大師年譜》（臺北：正聞出版社，2000年），頁533～534。釋印順（1906～2005）在自傳《平凡的一生》亦述其歷經「因緣的錯雜，一切是非、得失、恩怨」，並比喻「人的一生，如一個故事，一部小說」顯示一生風塵僕僕的過程。詳見釋印順：《平凡的一生（增訂本）》（臺北：正聞出版社，2005年），頁213～215。釋聖嚴（1930～2009）在其傳記《雪中足跡‧作者序》一文中亦表明「我是一個平凡的中國佛教僧侶，……。我的一生宛如一部中國近代史縮影」詳見釋聖嚴著：《雪中足跡：聖嚴法師自傳》（臺北：三采文化，2009年），作者序。

　　悟光的傳記資料可分為三大類，一者以悟光開創的總本山道場「五智山光明王寺」之出版刊物為準。主要有悟光法嗣釋徹定（1957～）依據悟光生前口述以及相關著作編纂而成的《五智山光明王寺創建史略暨悟光金剛上師垂教錄》〔註7〕所載的悟光傳記。本傳記分為「家世」、「出家原因」、「修學過程」、「遊學」、「受階」、「重建竹溪寺」、「弘法佈教及創建道場」、「講經授法」、「文化涵養」、「著書立言」、「興辦事業」、「最後教誡」、「未竟功業」、「圓滿入寂」14 個階段、依次撰述，文序前後連貫、所傳述基本遍及悟光家世、修學、思想與弘教事業等範圍，資料堪稱完整。而後 2002 年出版的寺史《佛教真言宗五智山光明王寺》亦使用本版傳記作為寺史之悟光略歷。並且，若觀悟光著作所載之傳略，舉如《生活禪》、〔註8〕《心經思想蠡測》、〔註9〕《即身成佛觀》、〔註10〕《上帝之選舉》、〔註11〕《新編正法眼藏》等著，〔註12〕篇名為〈悟光大阿闍梨傳〉，所載傳記內容大抵相同。除少部分行文語氣與紀年方式有所差異，〔註13〕然其中所記史實皆同，不出《五智山光明王寺創建史略暨悟光金剛上師垂教錄》之範圍。徹定亦言若研究悟光生平，當以《五智山光明王寺創建史略暨悟光金剛上師垂教錄》此載為主，〔註14〕故該版本的悟光傳記可謂是官方印行的核心文獻。

　　二者，是 2010 年由郭永坤採訪、撰稿的〈大高雄佛教會所屬寺院團體簡介——光明王寺〉，〔註15〕是佛教會製作的五智山光明王寺簡介，該文除介紹五智山光明王寺之史略以外，也記載悟光傳記，該傳亦不出上述「一者」之內容，並增補了悟光曾經使用的筆名，如太空流浪人、雲峰湧泉亭主、持明遁叟等名號。

〔註 7〕 釋徹定：《五智山光明王寺創建史略暨悟光金剛上師垂教錄》（高雄：五智山光明王寺，2000 年）。

〔註 8〕 釋悟光：《生活禪》（高雄：派色文化，1991 年）。

〔註 9〕 釋悟光：《心經思想蠡測》（高雄：派色文化，1991 年）。

〔註 10〕 釋悟光：《即身成佛觀》（高雄：派色文化，1991 年）。

〔註 11〕 釋悟光：《上帝之選舉》（高雄：派色文化，1991 年）。

〔註 12〕 釋悟光：《新編正法眼藏》（香港：圓方出版社，2014 年）。

〔註 13〕 所述諸書，皆使用中華民國紀年，僅釋悟光：《新編正法眼藏》（香港：圓方出版社，2014 年）所使用為西元年，也許由於香港出版之故。

〔註 14〕 2016 年 8 月 27 日訪問五智山光明王寺釋徹定。

〔註 15〕 〈大高雄佛教會所屬寺院團體簡介——光明王寺〉。檢索日期：2016 年 4 月 30 日。大高雄佛教會所屬寺院團體簡介。網址：http://nknush.kh.edu.tw/~volunteer/data/te001.pdf。

　　三者，則是悟光自著的〈滄桑回憶錄〉，本錄近似隨筆散文，觀其行文，情感流暢、經歷詳略兼有。所記從出生述至創立道場，敘及悟光本人的行事較爲詳細，尤其是關於生平歷程的心境轉折與思想情感所敘細膩。這種自述回憶錄所擁有的特質是他人撰敘的史傳無法取代之處，是關於悟光生平的原始資料，也是了解悟光宗教歷程的珍貴文獻。惟其侷限是悟光走筆行雲流水，該錄並無明確的時間分期，是故進行考察研究時頗爲困難，必須通讀前後文，並斟酌悟光其他傳記、著作與其法嗣的口述資料，逐一參詳考核，方能釐清其時間序。本錄曾發表於五智山光明王寺發行的《遍照之光》報刊，〔註16〕但僅連載至第 12 期即止，其餘則透過悟光手稿方能知曉全文內容。五智山光明王寺香港分院存有〈滄桑回憶錄〉完整稿件。

　　關於悟光研究的學術成果目前所見有三種。一者，2011 年中國大陸西北大學李永斌所著碩士論文《悟光法師密教思想研究》，〔註17〕該論全面性針對悟光的思想進行研究，主軸分爲悟光的「秘密禪」、「密教思想」、「靈體論和宗教論」、「般若思想和人間佛國思想」依序論述。是首本有關悟光的思想研究，透過該論可以看到悟光思想內容的呈現。然此論對於悟光譯述與自著作品的分際無甚釐清，對於悟光的部分思想，舉如「秘密禪思想」、「人間佛國思想」等的論述甚少悟光自著文獻的基礎，並且對於許多佛教思想的來源與系統較爲混淆，是該論侷限之處。並且，該論所述「2009 年，日本國家宗教議員大會決議，追贈悟光法師爲大僧正」〔註18〕一段爲悟光著作所載傳史與五智山寺史書籍皆無之處。然李氏在此並無註釋說明資料出處，行文前後也無相關事蹟說明悟光上師再獲封「大僧正」僧階之因由。此段是尚待考證的一則懸案。據筆者訪談，五智山光明王寺住持徹定表示高野山曾討論追贈悟光「大僧正」之議題，然因緣未能具足，〔註19〕是故李氏該條資料仍待詳考。

　　二者，2012 年新北的華梵大學顧正立所著碩士論文《高雄市五智山光明王寺之眞言宗信仰研究》。本論是針對中國大陸與臺灣眞言宗信仰發展以及臺

〔註16〕爲五智山光明王寺所發行之報刊，主要報導五智山光明王寺相關消息、密教之觀念與信衆之投稿等。創刊於 1990 年 6 月 15 日，導師：釋悟光，發行人：釋徹定，社長：林國禎，總編輯：陳文銓。

〔註17〕李永斌：《悟光法師思想研究》（西安：西北大學宗教學研究所碩士論文，2011 年）。

〔註18〕李永斌：《悟光法師密教思想研究》，頁21。

〔註19〕2016 年 8 月 27 日訪問五智山光明王寺釋徹定。

灣眞言宗道場狀況進行的研究。透過該論可以看到臺灣眞言宗道場的概況，惟所述較少論證，亦未連結所述中國與臺灣密教發展與臺灣眞言宗道場的交互關係，是其侷限之處。

三者，是荷蘭 Leiden 大學博士生 Cody Bahir 在英國 Edinburgh 大學學報所發表的專篇論文 *"Buddhist Master Wuguang's (1918~2000) Taiwanese Web of the Colonial, Exilic and Han"*，〔註20〕該論針對悟光的學修歷程、道場建設、事業成就與宗教影響等層面進行論述，有其思考的面向。惟 Bahir 氏全由悟光生平經歷，社會、宗教環境等外在變遷的層面論述，鮮少考慮到宗教僧侶生涯抉擇時，其內在宗教性格、文化、思想亦有關鍵性的影響。因此，Bahir 氏雖有其論調，但有關其所探討的議題，仍具更多討論空間。

關於專論臺灣東密發展的研究，主要可見者有四種。一者，是學者闞正宗於 2006 年發表於《台北文獻》，〔註21〕後載入 2008 年出版《台灣佛教史論》的〈眞言宗弘法寺與臺北天后宮——《閱讀臺北天后宮》內容的商榷〉。〔註22〕該文以《閱讀臺北天后宮》的內容爲對照，藉此進行考證。從眞言宗來臺布教切入，進而論述臺北天后宮創建歷史及改制眞言宗弘法寺之始末。

二者，是闞正宗 2009 年發表於《護僧》的論文〈眞言宗在臺開教史——兼論戰後寺宇存廢〉。〔註23〕該文從臺灣眞言宗本山與布教所的建立切入臺灣東密的開教情況，詳細論及四所布教道場的發展史略，並述其法務與慈善活動，最後針對全臺東密道場戰後的存廢狀況詳加統整，藉此可以見得東密自日治時期到戰後的興衰景況，是見存最早專研東密在臺開教議題之論文。

三者，是學者黃英傑的〈日本眞言宗在台灣的隨軍布教（1896～1945）初探〉，〔註24〕收錄於 2014 年出版的《密教的派別與圖像》。〔註25〕本文從明

〔註20〕 Cody bahir, *"Buddhist Master Wuguang's (1918~2000) Taiwanese Web of the Colonial, Exilic and Han"* eJournal of East and Central Asian Religionspublished by the University of Edinburgh, No. 1, 2013: 81~93.

〔註21〕 闞正宗：〈眞言宗弘法寺與臺北天后宮——《閱讀臺北天后宮》內容的商榷〉，《台北文獻》第 158 期（2006 年 12 月），頁 33～54。

〔註22〕 闞正宗：《台灣佛教史論》（北京：宗教文化出版社，2008 年），頁 224～242。

〔註23〕 闞正宗：〈眞言宗在臺開教史——兼論戰後寺宇存廢〉，《護僧》第 56 期（2009 年），頁 14～34。

〔註24〕 黃英傑：〈日本眞言宗在台灣的隨軍布教（1896～1945）初探〉，收入呂建福主編：《密教的派別與圖像》（北京：中國社會科學出版社，2014 年），頁 71～90。

〔註25〕 呂建福主編：《密教的派別與圖像》（北京：中國社會科學出版社，2014 年）。

治維新的廢佛運動與眞言宗改革談起，進而論述海外隨軍布教與眞言宗在臺開教的狀況。此文與闞氏論文的差異在於，闞氏主要以布教道場的興廢作爲討論眞言宗在臺開教與衰落的主軸，而黃氏則從明治以來隨軍布教的政策與隨軍布教史切入眞言宗在臺開教始末。兩篇論文奠基於厚實的文獻基礎，從不同主軸進行論述，甚有面向互補之功，是了解眞言宗在臺開教傳播的重要研究。

　　四者，是學者黃英傑 1995 年出版的《民國密宗年鑑》，〔註26〕其中於〈微弱的東密宗〉一節，〔註 27〕有簡短的篇幅概述戰後臺灣的東密傳播狀況。然此書主要針對民國與臺灣密教傳播的信仰情況進行全面的研究，關涉臺灣東密發展的論述無多，然如此簡要的敘述在當時已是能夠窺見戰後東密傳播景況的珍貴研究之一。

第三節　研究方法

　　本論的主軸是研究悟光宗教修學經歷的進程，並奠基於悟光自身的宗教經歷、興趣及當時的社會環境等面向，藉以考察悟光東密的轉折。

　　悟光的信仰與宗教經歷的探討，將以傳記文獻作爲理解悟光的核心基礎，並透過悟光所處時空場域，以訪談連結與悟光有關的人事物，進而建構悟光修學歷程中可能觸及的景況。並斟酌悟光內在的心境思惟與學習過程，從內因、外緣等面向重建悟光修學歷程的可能景象。

　　再者，從悟光當時的社會與宗教環境，逐步明晰悟光修學遭遇的困境，復以其自身的興趣，結合其歷程明晰宗教修持的轉變。最終再從譯著、思想、教學、道場設計等面向，更具體地觀察悟光所受東密的影響。

　　本論透過悟光本人的生平經歷、心境取向、時空環境、歷史變遷、人事經驗、學習歷程、宗教養成、思想抉擇等層面，逐次建構 1918～1972 年間悟光宗教修學與信仰抉擇的歷程。

第四節　研究架構

　　第一章〈緒論〉，總敘本論之研究動機、文獻回顧、研究方法與章節架

〔註26〕黃英傑：《民國密宗年鑑》（新北：全佛文化，1992 年）。
〔註27〕黃英傑：《民國密宗年鑑》，頁 259～260。

構。首先，論述全文撰寫的起因，突顯撰寫此論的動機與意義。再者，回顧有關悟光之研究文獻，包含悟光的傳記資料、海內外的悟光研究。三者，敘述全論撰寫的脈絡。最後，呈現完整之章節以顯全論之主構。

第二章〈釋悟光學佛前的社會宗教背景與信仰歷程〉，從 1915 年「西來庵」事件切入臺灣社會宗教的混雜背景，依次論述日治前期與後期的宗教政策與佛教發展，後述戰後臺灣佛教界之變遷，以明悟光學佛前的宗教環境。最後，奠基於前敘背景論述悟光入佛前的道法修練歷程。

第三章〈釋悟光竹溪寺時期的修學與六龜閉關的歷程〉，自 1955 年悟光到達竹溪寺學佛始述，歷經行政執事、短期閉關、學習藏密、出版著作，而後轉進六龜閉關，討論其修學環境、著作內容、修行感應與疑惑。

第四章〈釋悟光東密的抉擇與定向〉，悟光最終遠赴高野山求習東密，其中的轉折與影響赴日的因素究竟為何？筆者試從悟光本身的修行興趣、宗教歷程、社會環境等面向逐一梳理影響悟光的原因。

最後赴日登高野山習密，主述「專修學院」與「勸學會」一修一學的單位，復論高野山整體之研修與信仰風氣，以明悟光到達高野山的環境。悟光宗教修學歷程最終皈向高野山，高野山的東密傳統如何影響悟光，亦是本論兼述的內容。透過悟光譯著、思想的呈現，與弟子的互動、教學，道場的設計，更具體明瞭留學高野山修習東密的歷程，不僅使悟光獲得法承，也確使悟光的宗教行事跟隨了東密的傳統。

第五章〈結論〉，總結悟光自探索信仰以來，如何受到自身學思與修學環境的影響，以至於最終定向東密，以歸納 1918～1972 年間悟光宗教修學歷程。

第二章 釋悟光學佛前的宗教背景與信仰經歷

第一節 日本殖民統治時期的宗教政策動向
（1915～1945）

一、臺灣信仰文化的混雜性與日治前期佛教的發展

釋悟光出生的前幾年，臺灣南部發生了日本治臺時期規模最大的抗爭
——西來庵事件（1915）。〔註1〕該事件不單只是武力抗爭，更是少數以「信
仰」為號召的抗爭衝突。從西來庵事件的發生，立基於臺灣信仰的普遍性，〔註
2〕號召群眾起事的準備與過程，或多或少亦可窺見臺灣地區信仰與社會狀況
的複雜潛質。從丸井圭治郎（1870～1934）與增田福太郎（1903～1982）之

〔註1〕 西來庵事件，亦稱「噍吧哖事件」，由於前半部的抗爭地以臺南西來庵為主，
後半部的發生地，在噍吧哖，復因主事者為余清芳，故又稱余清芳事件。詳
見釋慧嚴：〈西來庵事件前後臺灣佛教的動向〉，《中華佛學學報》第 10 期
（1997 年），頁 281。本事件名稱的解釋與始末亦可參閱末光欣也著，辛如
意、高泉益譯：《臺灣歷史：日本統治時代的臺灣：一八九五～一九四五／一
九四六年　五十年的軌跡》（臺北：致良出版社，2012 年），頁 600～601；林
衡道主編：《臺灣史》（臺北：眾文圖書，1988 年），頁 676；高賢治主編：《臺
灣三百年史》（臺北：眾文圖書，1978 年），頁 22～231；戚嘉林：《臺灣史（增
訂二版）》（臺北：戚嘉林出版，2014 年），頁 344～346 等書皆有詳載，在此
不贅述。
〔註2〕 林佩欣：《日治前期臺灣總督府對舊慣宗教之調查與理解（1895～1919）》（臺
北：政治大學歷史研究所碩士學位論文，2002 年），頁 105。

分類，可窺見島內宗教多元的狀況。

【表 2-1-1】臺灣宗教調查報告書之宗教信仰分類表

宗教類別	備　　註
儒　教	領臺以前存在的宗教
道　教	領臺以前存在的宗教
中國佛教	領臺以前存在的宗教
齋　教	領臺以前存在的宗教
西洋人傳入的基督教	領臺以前存在的宗教
神道教	領臺以後傳來的宗教
日本佛教	領臺以後傳來的宗教
日本人傳入的基督教	領臺以後傳來的宗教

資料來源：丸井圭治郎：《臺灣宗教調查報告書》，臺北：捷幼出版社，1993 年，頁 6～7。

【表 2-1-2】增田福太郎「臺灣宗教信仰」分類表

宗教類別	備　　註
民間信仰	本島人固有的宗教
道　教	本島人固有的宗教
儒　教	本島人固有的宗教
佛　教	本島人舊有的宗教
基督教	臺灣舊有的宗教
高砂族的宗教	無分類
內地人傳來的宗教	無分類

資料來源：增田福太郎：〈臺灣人的宗教與臺灣本島人的信仰（二）臺灣神職會講習錄〉，《南瀛佛教》第 15 卷 08 號，1937 年 8 月 1 日，頁 7。

　　以上的分類方法以現今宗教學類別予以審視仍有待商榷，然從丸井圭治郎與增田福太郎的分類與說明，大致能夠理解其依照舊時固有與日本傳入等各宗教傳播的特質進行分類，並且此份資料亦可窺見當時日人對於臺灣宗教多樣性的理解。

　　臺灣信仰與社會的複雜現象其來有自，〔註3〕然在當時的日本人眼中，卻是混淆多歧。如1896年日僧細野南岳渡海來臺，察覺當時的臺人「只管浮雲競富，忘義理、棄廉恥，朝阿諛官銜，夕誘惑吏人，只是爭利，千態萬狀，如百鬼夜行樣。」〔註4〕而日本曹洞宗議員亦認為臺島「至於其布教傳道之事，已是荒廢至極。」〔註5〕這些在日人眼中社會與宗教的混亂，其實與臺灣歷史變遷快速、移墾遷徙、生活不易等多樣複雜而變動的社會情況有關。

　　臺灣自明清開始傳入以福建系統為主流的佛教，清代臺灣的僧侶在齋戒方面尚有「持齋」與「不持齋」之分，而身份類別亦有所謂「禪和」與「香花」僧。「持齋」與「禪和」具有齋戒與禪修的特質，與今日習見之傳統佛教僧侶較為類似。而「香花」僧，則是專營喪葬儀式宗教活動之宗教人員，而其他亦有僧侶從事命理、堪輿等陰陽五術之業者。〔註6〕

　　以漢傳佛教固有的戒律與文化的角度觀察，僧與俗、佛教與道教、佛教與民間信仰在當時的臺灣社會實已分界不清，這也許是日人無法理解與認為流弊之處。實務層面來看，眾多僧侶文化素質不高亦是事實。故對日人而言，這種令當局難以接受的混雜性質，也成為日後殖民政府開始積極管理宗教的驅動力之一。

　　日本佛教在日本殖民臺灣的期間扮演頗為重要的角色，從日本進入臺灣初期，即有所謂從軍僧與開教使的僧侶職位，〔註7〕自甲午戰爭（1894）後即開始形成軍隊輔導的身分，〔註8〕並且從軍布教僧所擔負的工作不只從事慰問

〔註3〕　臺灣宗教的狀況複雜，就以佛教為例來說。佛教在明清時代隨漢人移墾而傳入，主要為閩粵式的佛教。禪淨混合，僧人極少，知識程度亦不高。反而是齋教的傳播及活動興盛，成為臺灣的主流。而齋教又分成龍華、先天、金幢等三派。諸種信仰的混雜與會通，可說是臺灣宗教的特色。詳見闞正宗：《臺灣佛教一百年》，（臺北：東大，1999年），頁209。

〔註4〕　黃葉秋造主編：《鎮南紀念帖》（臺北：鎮南山臨濟護國禪寺，1913年），頁3～4。

〔註5〕　不著撰人：〈臺灣島布教案〉，《宗報》第1號（1897年1月1日），頁13～14。

〔註6〕　〔清〕不著撰人：《安平縣雜記》（臺北：臺灣銀行經濟研究室，1959年），頁79、83。

〔註7〕　末光欣也著，辛如意、高泉益譯：《臺灣歷史：日本統治時代的臺灣：一八九五～一九四五／一九四六年　五十年的軌跡》（臺北：致良出版社，2012年），頁613。

〔註8〕　闞正宗：《臺灣日治時期佛教發展與皇民化運動》，頁13。

出征軍人及軍屬，〔註9〕《眞宗本派本願寺臺灣開教史》所公布之從軍布教使
應負之責，參見表 2-1-3「淨土眞宗『從軍布教使』職責表」，可得見日本從軍
布教僧職責範圍之廣。

【表 2-1-3】淨土真宗「從軍布教使」職責表

編號	內　　　　　　容
1	從軍僧慰諭出征中士兵，而不可怠
2	對死亡者、疾病患者，處理葬祭、或有時可從事看護
3	遺骨送至廣島本願寺的出張所，出張所將之轉送於遺族或親戚
4	訪問各兵營，傳達本山的意志，授與名號，寄贈書籍等
5	訪問各病院，對患者給與安慰事
6	于適宜之所開教筵，對士兵與軍夫說關於安心立命、及衛生風紀等事
7	處理死者的遺骸，或火葬、或埋葬等葬儀之事
8	舉行追弔法要之事。將死者的遺骸及遺物，送至本人鄉里

資料來源：大橋捨三郎編：《眞宗本派本願寺臺灣開教史》，臺北：眞宗本派本願寺臺北別院，
　　　　　1935 年，頁 1～2；釋慧嚴：〈西來庵事件前後臺灣佛教的動向〉，《中華佛學學報》
　　　　　第 10 期，頁 284。

　　由於與日本的殖民政策與軍事行動息息相關，比起其餘諸宗教，日本佛
教在日治時期的臺灣，確實在時間上有提早入臺的優勢，而後在日本殖民政
府開教政策的催化之下，日本佛教各宗派亦陸續派遣僧侶來臺展開傳教工
作，惟佛教諸宗在日治初期的傳教仍有局限與瓶頸，當時過於集中於日人之
間而忽略對臺人的信仰傳布，加以語言隔閡、來臺日系僧侶素質良莠不齊等
因素皆讓初期的傳教有所滯礙，〔註10〕並且政府雖有所謂僧侶從軍布教政
策，然而在治臺初期，日本執政當局對於宗教的態度偏於放任發展，〔註11〕
尚未建立積極管理與深入了解的策略。

〔註 9〕釋慧嚴：〈西來庵事件前後臺灣佛教的動向〉，《中華佛學學報》第 10 期，頁
　　　　284。
〔註10〕如闞正宗：《臺灣日治時期佛教發展與皇民化運動》，頁 32；末光欣也著，辛
　　　　如意、高泉益譯：《臺灣歷史：日本統治時代的臺灣：一八九五～一九四五／
　　　　一九四六　五十年的軌跡》，頁 614 皆有類似的情況敘述。
〔註11〕王志宇：《臺灣的恩主公信仰：儒宗神教與飛鸞勸化》（臺北：文津，1997 年），
　　　　頁 58。

　　臺灣複雜的宗教信仰不僅影響了文化層面，複雜的宗教情況也與民心穩定有所關聯。西來庵事件後，日本殖民政府轉變原先鬆散放任的宗教政策，開始重視臺灣的信仰問題。〔註12〕總督府集合民政與宗教相關行政主管，召開「全島宗教會議」，〔註13〕著手整理宗教舊慣信仰，1915～1917年間展開全臺性的宗教調查，並編撰《臺灣宗教調查報告書》。〔註14〕

二、日治後期臺灣宗教政策的走向

　　西來庵事件迫使日本殖民政府開始正視臺灣的宗教政策問題而有一連串的措舉，從1931年到1945年進入「皇化與改造」的宗教政策階段，〔註15〕是以西來庵事件後的宗教管理政策為基礎，更加積極與內化的宗教改造，使臺島與日本內地聯繫更深，互動更密。

　　學者闞正宗歸納日本殖民時期的後期（1931～1945），臺灣總督府對於臺灣佛教的政策方面有三個重點：其一，是「國民精神總動員運動」，強制人民遙拜日本神宮與皇宮、參拜神社、認同日本神道教；其二，是「寺廟整理運動」，強調廢除臺灣舊有、固有之寺廟、習俗，是將「皇民化」與「寺廟整理」結合推動的政策；其三，是「臺灣佛教奉公團」與「佛教鍊成所」的成立，除了打破迷信之外，更積極推動了佛教界擁護日本皇權，認同日本宗教文化之舉。〔註16〕這是日治後期宗教政策的大勢作為。

　　日本殖民政府在宗教政策態度轉向以後，除了前述開始深入了解臺灣島內信仰情況，以及推動一連串的宗教政策之外，民間諸野也有實際作為。其中，日本佛教亦對於當局宗教政策的轉變有所規劃，日系禪宗在政策支持下也開始透過教育事業改造僧侶，如有臨濟宗「鎮南學林」、〔註17〕曹洞宗「臺灣佛教中學林」、〔註18〕南瀛佛教會的成立，以至於有歷經十五年、十六屆次

〔註12〕闞正宗：《臺灣佛教的殖民與後殖民》（臺北：博揚文化，2014年），頁29。
〔註13〕不著撰人：〈全島宗教會議〉，《臺灣日日新報》（1915年11月4日），第2版。
〔註14〕為日治時期臺灣總督府監督主導之宗教調查計畫，丸井圭治郎為當時人文學者，曾任臺灣總督府編修官及內務局社寺課課長，該書籍為供職臺灣總督府時所作。
〔註15〕闞正宗：《臺灣佛教的殖民與後殖民》，頁42～48。
〔註16〕有關「日治後期（1931～1945）：皇化與改造」時期的詳細情形，可詳見闞正宗：《臺灣佛教的殖民與後殖民》，頁42～48。
〔註17〕不著撰人：〈鎮南學林新設　臨濟宗の大飛躍〉，《臺灣日日新報》（1917年3月14日），第7版。
〔註18〕島田弘舟：〈私立臺北中學學長より〉，《南瀛佛教》第13卷第5號（1935

的南瀛講習會。戰後悟光在竹溪寺法脈依止的剃度師父眼淨（1898～1971）即在青少年期間入鎮南學林就讀。〔註 19〕許多臺灣僧侶亦在此時觸及佛學的學習，並與日本佛教有所接觸。

由此可察，1915 年以後日本殖民政府轉向積極的宗教治理政策，正好使悟光出生後的社會氛圍，成爲一個政策上較富管理性的宗教環境。臺灣島內原有的宗教信仰複雜多樣，而西來庵事件後的積極宗教管理政策，以及後來皇民化政策的環境，皆是悟光所處時代的戰前社會宗教氛圍。這段時間的悟光與佛教似無接觸，在悟光有關的紀錄中闕乏此段時間與佛教的互動。然而，可能悟光一開始所欲習學的不是佛教，他的信仰因緣在於仙眞術法等修練。而悟光在鄉里間的成長環境較能接觸的亦是民間信仰，故在其早期的生涯中不見佛教的參與。

第二節　戰後的社會轉變與佛教動向（1945～1955）

一、二戰末的動盪與戰後政權轉移的社會氛圍

1939 年開始第二次世界大戰，1941 年爆發太平洋戰爭，國際局勢渾沌未明，日本亦陷入戰爭的泥淖。局勢變遷急遽，使悟光對於人世無常與動盪感受深切。在這段時間，年約二十來歲的悟光，對於宗教信仰已有濃厚興趣，也似不斷探尋宗教修煉之事，悟光受信仰影響之深，就連從事商船工作時，亦不忘其心所嚮往的修行。其言：

> 我到了二十四歲時（約 1941 年），第一爲爭取多一點收入來幫忙父親，第二是爲了讀了神仙故事擬往他方拜師學藝，想了幾個月，拜師要往很多地方，但身中沒有旅費是辦不到的，就決定往日本入大阪商船學校去學習，後來可藉船員乘船機會往外國或大陸去訪師。

> 後來就職於臺灣交通局梧棲港，在剛從日本派來的新高丸，在梧棲築港工作，於六年船上生活中，不忘修行之念，在船上都時常向同事們講善事，被同事賜個神的稱呼。〔註20〕

從回憶錄可見到悟光在這段動亂時代的經歷，在社會環境的轉變之下，悟光

年），頁 61。

〔註19〕闞正宗：《臺灣佛教一百年》，頁 94。

〔註20〕釋悟光：〈滄桑回憶錄〉，釋悟光手稿。

也體驗到各種波盪。其載言：

> 我（釋悟光）於臺灣空襲前回來，因為戰爭迫在燃眉之急，再也無
> 意出國，日軍為疏開軍火等等的急切，開始蓋倉庫於山村之中。這
> 時候我就作新南興發營造廠的配下，承包軍部的疏開倉庫，自高雄
> 之楠梓起至內門鄉溝坪方面，蓋了很多房子，每日工人有將近一百
> 人，時已經開始空襲了，一直到臺灣光復。〔註21〕

雖然悟光的回憶錄記載當時戰爭與戰後國府接收臺灣的社會情形無多，然
而，從上文仍可知戰時情況危急與社會動盪。中日戰爭時，悟光自述友人李
世傑告知被日本刑警盤查悟光行蹤的情形，記言：

> 你（釋悟光）回去的翌日（指從苗栗獅頭山勸化堂離開之隔日），刑
> 事（日本政府）二人前來要抓你，不知什麼事，最好近期內不要來，
> 見信了後請將我（李世傑）的信燒掉。〔註22〕

而後悟光不敢再回獅頭山。對於無端惹上的盤查風波，悟光亦不明所以，其
言：

> 以後我（釋悟光）就不去了。再隔不久梧棲還在船中的朋友來信，
> 說我離開十幾天後就有刑事前來搜查我的書信，可是不見什麼壞字
> 眼，刑事對他說，到獅頭山勸化堂去抓我，但慢一步，我已離開，
> 但行方不明，這兩次都脫過劫難，不知怎樣嫌疑我是中國的間諜。
>
> 〔註23〕

當時還在戰爭，日軍在太平洋戰爭末期節節敗退，殖民政府對於殖民地的掌
控更加嚴格，對於臺人一切動向也備加敏感。如悟光上述一事，即被質疑是
中國間諜而遭搜捕。日軍正與中國進行戰爭，各種情報聲影幢幢，一時人心
惶惶。

　　悟光這段可能橫跨戰前與戰後，詳細時間雖然不甚明確，但是從其所述之
事能夠看出，即使身在紅塵，肩負工作，甚至面對大時代的變動，悟光心心念
念之處仍在「修行」。這對於戰後悟光最終歸向竹溪寺，繼而出家學佛的決定，
應有一定程度的影響。亂世中，人心求安，在天下擾亂、生靈塗炭之時，佛教

〔註21〕釋悟光：〈滄桑回憶錄〉，《遍照之光》（1990 年 12 月 23 日），第 2 版。
〔註22〕釋悟光：〈滄桑回憶錄〉，釋悟光手稿。
〔註23〕釋悟光：〈滄桑回憶錄〉，釋悟光手稿。

適時提供了人心的安慰，成爲亂世人民心靈的寄託是可以理解的景況。〔註24〕

　　1945 年，日本宣布戰敗，同年簽訂議降書，第二次世界大戰結束，而在臺灣歷史的推進上，也結束了日本統治時期。〔註25〕臺灣方面，雖然在臺日人對於日本投降一事悲襟愕然、不知所措。〔註26〕但臺灣本島人之民情並無大幅度的動盪，社會尙稱平靜。〔註27〕然日本殖民政府行政的效力急速削弱，〔註28〕直至中國戰區代表受降方的國民政府抵臺管理，日本政府統治方告結束。

　　戰後初期，基植於同文同種的因素，大多數臺灣人對於國民政府有極高的期待，臺島各地成立如「歡迎國民政府籌備會」、「三民主義青年團」等迎接國民政府來臺的會團相繼成立。〔註29〕

　　然而戰後臺灣人與大陸相繼來臺的政府軍民，卻因兩岸社會文化與歷史的距離，而產生了社會摩擦。《臺灣開發史》即有肯切之說明，載言：

　　　　1895 年臺灣割讓日本後，臺灣與中國大陸不同的歷史發展，造成兩
　　　　地極大的社會文化差距，中國由於內憂外患戰亂頻仍，經濟建設遲
　　　　緩，文教難以普及，社會的近代化不如臺灣，臺灣在日本殖民政府
　　　　的威權體制下，行政運作有法治和效率，經濟建設雖具有剝削與壟
　　　　斷性質，但臺人仍享有剝削後的餘裕，生活方式的改良，教育漸普

〔註24〕亂世之中，人心求安因此促發信仰宗教的因緣時有所聞，例如王邦雄、岑溢成、楊祖漢、高柏園：《中國哲學史（下）》（臺北：里仁書局，2011 年）；吳璵：《中國思想史概論》（臺北：鼎茂圖書，2009 年），二書都提到佛教在某些朝代可受到民眾高度接受與較爲快速的弘傳，與當時動亂的社會背景有關，人民由於生命無安、朝不保夕，因此尋求宗教的救贖與安頓，頁 348、261。

〔註25〕有關第二次世界大戰，日本戰敗與國民政府代表接收臺灣等事，可詳見張勝彥、吳文星、溫振華、戴寶村：《臺灣開發史》（臺北：國立空中大學，1996 年），頁 294～299；許極燉：《臺灣近代發展史》，頁 449～470；戚嘉林：《臺灣史（增訂二版）》，頁 533～560。

〔註26〕臺灣總督府處理善後事務所：〈臺灣統治完結報告書〉，收入末光欣也著，辛如意、高泉益譯：《臺灣歷史：日本統治時代的臺灣：一八九五～一九四五／一九四六年　五十年的軌跡》，頁 648。

〔註27〕臺灣總督府處理善後事務所：〈臺灣統治完結報告書〉，收入末光欣也著，辛如意、高泉益譯：《臺灣歷史：日本統治時代的臺灣：一八九五～一九四五／一九四六年　五十年的軌跡》，頁 649。

〔註28〕臺灣總督府處理善後事務所：〈臺灣統治完結報告書〉，收入末光欣也著，辛如意、高泉益譯：《臺灣歷史：日本統治時代的臺灣：一八九五～一九四五／一九四六年　五十年的軌跡》，頁 650。

〔註29〕張勝彥、吳文星、溫振華、戴寶村：《臺灣開發史》，頁 296。

及，新學藝傳播，人民對公共事務的關心與參與，與中國大陸相比
呈現極大差異。〔註30〕

1947 年的二二八事件即是這種社會環境下的典型情況。雖然在悟光的回憶錄
並無詳細記載戰後臺灣的社會態勢與宗教狀況，只見到戰後悟光仍於修行
信仰中的追尋不已。〔註31〕戰後的時局變化與背景，則從其他資料亦可略知
一二。

二、大陸僧侶來臺與臺灣佛教的變動

　　1949 年中國大陸時局丕變，國民政府播遷來臺，國共戰爭的陰影揮之不
去，大陸來臺的僧侶亦受時局影響，一時風聲鶴唳。當共產黨「渡江出走
杭垣」，軍隊已過長江後，政權驟遷，許多僧侶畏懼共黨排斥宗教的立場，
〔註32〕紛紛從中國大陸避走臺灣，過著四處漂泊的逃難生活。

　　甫經歷二戰的長年戰爭，轉眼國家政體又遭驟變，社會動盪、百姓惶墜
不安，僧侶所面臨的困境亦無法例外，從經歷大時代變動下的歷史事件，可
以窺見逃難的漂流景況。

　　釋星雲（1927～），江蘇揚州人，幼年在南京棲霞山寺出家，而後 1949
年受國共戰爭影響，逃難來臺。星雲自述：

> 我（釋星雲）就奉師父的命令，拿了他的十二塊銀元到了臺灣。
>
> 決定要到臺灣的時候，也有人叫我要到延安，我也搞不清楚臺灣和
> 延安，也搞不清楚國民黨、共產黨，只想到要有路可走，就這樣，
> 我也糊里糊塗的，在太平輪失事後不久就從上海乘船到了臺灣。
>
> 我到達臺灣，是民國三十八年（一九四九）的春天，剛過年不久。
> 雖然遇到一些困難，引發我生命的危險，掛單不著，前途渺茫，……
> 記得到了五月的時候，臺灣的行政長官陳辭修下令逮捕大陸來臺的
> 一百多位僧侶，包括慈航法師、中年出家的黃臚初將軍，當然我也
> 在其中，那個時候抓起來的大部分不是槍斃，就是用麻袋包起來丟
> 到海底。〔註33〕

〔註30〕張勝彥、吳文星、溫振華、戴寶村：《臺灣開發史》，頁 301。
〔註31〕釋悟光：〈滄桑回憶錄〉，釋悟光手稿。
〔註32〕童勉之、楊逢彬著：《白聖長老傳》（臺中：太平慈光寺，2013 年），頁 174。
〔註33〕釋星雲述，佛光山法堂書記室紀錄：《貧僧有話要說》（臺北：福報文化，2015
　　　　年），頁 159～160。

上述慈航（1893～1954）、黃臚初（1887～1960）與星雲等人遭捕一事，即是戰後臺灣佛教界著名的冤案之一。當時由於新竹發現反動標語，慈航等人遭誤解是宣傳標語的人士而被逮捕。〔註34〕期間透過李子寬（1882～1973）、〔註35〕釋斌宗（1911～1958）、〔註36〕陳靄士（1880～1954）〔註37〕等人的奔走營救，後終得釋。

1954年釋印順（1906～2005）因《佛法概論》的內容被誣爲傳播共產思想。後以印順承認錯誤，配合修改文章結案。〔註38〕印順對此頗有感慨。其云：「我是那樣的儒弱、那樣的平凡，我不能忠於佛法，不能忠於所學，我缺乏大宗教家那種爲法殉道的精神。……這是我最傷心的，引爲出家以來最可恥的一著。」〔註39〕表明對此事的心有戚戚。

此外，尚有1953年臺南開元寺釋證光（1896～1955）與梁培鍈（1927～1955）等人遭捕，後於1955年槍決一案，震驚教界。筆者偶見釋慧嚴於《台灣與閩日佛教交流史》所載訪談悟光口述此案的資料，頗爲珍貴。悟光云及釋心覺（1899～1969）之子梁培鍈參加共產黨，遭捕後牽扯證光亦是同黨，經李子寬營救無效，後遭處決，歸葬故鄉員林。〔註40〕此段公案當時震驚臺南佛教界，南市的教界耆老多少知曉此事，然原因眾說紛紜，莫衷一是，如前述悟光的說法與事實就頗有出入。

2004年闞正宗與蘇瑞鏘合著的〈臺南開元寺僧證光（高執德）的「白色恐怖」公案再探〉〔註41〕批載當時證光一案的情治檔案，終使此案的始末逐漸清晰。

闞、蘇二氏依據〈呈報執行叛亂犯翁文禮等三名死刑日期敬請備查〉、〈台灣省保安司令部判決〉、〈謹擬具翁文禮等叛亂案原判審核意見當否簽請核示〉、〈檢呈郭振純等叛亂一案卷判及裁定請核示〉、〈檢呈翁文禮等叛亂復

〔註34〕釋悟明：《仁恩夢存》（新北：海明寺，1994年），頁117。

〔註35〕李子寬：《百年一夢記》（新北：文海出版社，1971年），頁359～363。

〔註36〕釋慧嶽：〈痛失恩師——爲紀念斌公上人示寂百日而作〉，《菩提樹》第70期（1958年），頁20。

〔註37〕釋明復：《白公上人光壽錄》（臺北：十普寺，1983年），頁250～252。

〔註38〕釋印順：《平凡的一生（增訂本）》（新竹：正聞出版社，1994年），頁78。

〔註39〕釋印順：《平凡的一生（增訂本）》，頁84～85。

〔註40〕釋慧嚴：《台灣與閩日佛教交流史》（高雄：春暉出版社，2008年），頁174。

〔註41〕闞正宗、蘇瑞鏘：〈臺南開元寺僧證光（高執德）的「白色恐怖」公案再探〉，《護僧》第37期（2004年），頁4～46。

審卷判請核示由〉、〈總統府代電〉、〈爲郭振純等叛亂一案罪刑經簽奉總統核
定希遵照〉等一批有關 228 事件的檔案爲基礎，輔以各種訪談、回憶錄與研
究，釐清證光等人遭捕槍決一事之原由。闞、蘇二氏指出證光曾經提供共產
黨員李媽兜等人借宿開元寺，並且曾告知翁文禮、梁培鍈釋教制度可比擬社
會主義等語，造成證光牽扯入共產諜案的重疑。在當時國府來臺風聲鶴唳的
社會氛圍之下，遭判決槍刑以終。

　　從當時冤案的歷史、逃難僧侶的紀聞，可以看見大陸僧侶面對戰爭的威
脅，局勢動盪不知何處所依。即使險中求生、負笈來臺，尚要面對落腳何
處、前途茫茫的辛酸困境，更有面臨漫天亂傳的匪諜謠言，輾轉遷徙、遭遇
死生未卜。即使是臺灣籍的僧侶，若與大陸共產黨稍有牽連者，身家性命亦
不可保。陳玉女在〈戰後中國大陸逃難僧與臺灣佛教之轉折〉一文，依據釋
樂觀（1902～1987）、釋道安（1907～1977）、釋成一（1914～2012）、釋印順
等僧人的自傳、訪談錄等文獻，亦梳理出當時大陸僧侶來臺的境遇「東奔西
走，居無定所」、〔註42〕生活克難，對於大陸逃難僧來臺的各種艱難的境況有
詳實的描述。來臺緇素，其中不乏在大陸時爲住持一方名山勝刹的方丈寺
主。〔註43〕抵臺後，亦要寄人籬下、走趕經懺，以負擔掛單寺院的經濟開
支，〔註44〕生活品質更不可能有所平衡。另外，也有僧才，欲出國深造而受
阻不能行，使懷抱雄心大志的佛教人才必須在時代洪流中放棄求學理想。也
有欲逃難來臺求助無門而投身軍旅，或本在大陸被誤抓入伍，輾轉來臺者。
又有可想像或不可想像的諸種困境，環繞著流亡來臺的大陸僧侶，實族繁不
及備載。〔註45〕除前述大陸來臺僧侶一干的自我困境之外，尚有所謂「外

〔註42〕陳玉女：〈戰後中國大陸逃難僧與臺灣佛教之轉折〉，收入游勝冠、熊秉眞編：
　　　《流離與歸屬──二戰後港臺文學與其他》，頁 459。
〔註43〕卓遵宏、侯坤宏採訪，廖彥博紀錄：《成一法師訪談錄》（臺北：國史館，2006
　　　年），頁 95。
〔註44〕童勉之、楊逢彬著：《白聖長老傳》，頁 182～184。
〔註45〕關於大陸逃難僧戰後來臺的詳細狀況，有諸多文獻可以參考。如童勉之、楊逢
　　　彬著：《白聖長老傳》，頁 173～203；釋星雲述，佛光山法堂書記室紀錄：《貧
　　　僧有話要說》（臺北：福報文化，2015 年），頁 151～164 有述戰後大陸僧侶來
　　　台情況。本文所述投身軍旅而來臺者，例如釋聖嚴，詳見釋聖嚴：《聖嚴法師
　　　學思歷程》，臺北：正中書局，1993 年，頁 18～29；林其賢：《聖嚴法師年譜》
　　　（臺北：法鼓文化，2016 年），頁 70～92；被誤抓入伍而來臺者，例如釋白雲
　　　（1915～2011），詳見侯坤宏、高明芳、賴淑卿訪問，林蘭芳、鄭麗榕紀錄：〈白
　　　雲禪師訪談紀錄（一）〉，《國史館館刊》復刊第 40 期（2006 年），頁 259～261。

省」、「本省」的文化摩擦造成彼此認識的距離。〔註46〕

　　例如釋印順與釋演培（1917～1996）在 1953 年以前就曾遭屬名「俞佛子」的攻擊，〔註47〕謠傳太虛門徒要與臺灣僧侶、臺中的佛教徒等臺籍教界人士相爭，冀望藉此造成太虛門人與臺灣佛教的對立。印順與演培爲此於 1953 年 5 月特投書《菩提樹》與《覺生》澄清自身承太虛的理念，不論何處之佛教，都予尊重、發揚，並呼籲應給予不參加任何派系、不與人爲敵的自由。〔註48〕雖已有研究指出印順與演培遭受攻擊應與大陸僧侶派系之爭不無關係，〔註49〕然俞佛子能以大陸與臺灣佛教之間的矛盾撰文，當可考量當時的臺、陸佛教摩擦的社會背景，方有藉題發揮的空間。

　　大陸僧侶來臺後，對於日化臺籍的僧侶難以接受。這些日化臺籍僧不少仍穿著日式僧衣、示有家眷，以寺廟爲工作場所、另住家庭，並且在原有的閩南文化下，還有稱爲齋教的「在家佛教」，這些與大陸來臺、屬中國佛教系統僧侶的行事大相逕庭。〔註50〕

　　又例如，臺籍僧侶釋源靈（1928～2015）述及戰後臺灣佛教與大陸佛教最大差別在於僧侶之婚娶問題；〔註51〕也有臺灣僧侶必須面臨重新接受大陸來臺僧侶所流行的中國佛教戒律的問題。〔註52〕從這些佛教文化的轉移，即可看見臺、陸之間的佛教隔閡。

　　釋東初（1908～1977）在 1950 年發表〈了解臺灣佛教的線索〉一文表達其對臺灣舊有佛教的觀點，提供了甚能代表大陸僧侶的看法。其言：

〔註46〕五十嵐眞子：《現代台湾宗教の諸相──台湾漢族に関する文化人類学的研究》（京都：人文書院，2006 年），頁 212。

〔註47〕俞佛子：〈臺中善光寺尼姑化裝跳舞奇聞〉，《鈕司》第 19 卷第 1 期（1952 年），頁 18～19。

〔註48〕釋印順、釋演培：〈印順與演培的嚴正聲明啓事〉，《菩提樹》第 6 期（1953 年），頁 30；釋印順、釋演培：〈印順與演培的嚴正聲明〉，《覺生》第 35 期（1953 年），頁 19。

〔註49〕闞正宗：〈善導寺時期（1952～1957）的印順法師──「佛法概論事件」前後相關人物的動向〉，收入藍吉富主編，《印順思想──印順導師九秩晉五壽慶論文集》（新竹：正聞出版社，2000 年），頁 383～401。

〔註50〕闞正宗：《重讀台灣佛教（續編）》（新北：大千出版社，2004 年），頁 20～34。

〔註51〕闞正宗、卓遵宏、侯坤宏訪問，闞正宗紀錄：《臺灣經懺佛事縱橫談：源靈法師訪談錄》（新北：國史館，2006 年），頁 137～138。

〔註52〕有關大陸教與臺灣舊有佛教戒律文化的扞格，可詳見闞正宗：《臺灣佛教的殖民與後殖民》，頁 246～247；闞正宗：《重讀臺灣佛教（正編）》，頁 355。

臺灣佛教有個基本的缺點，就是佛教徒生活制度沒有嚴格合乎佛制
的規定。在家與出家也沒有顯明的界線。出家不需要削髮受戒──
指一般齋姑而言，甚至龍華派齋堂允許娶妻吃葷。因為出家的條件
很寬，一般生活無著的齋姑都混進了佛門，甚至利用佛教的招牌添
設齋堂來爭取信徒添香添油。這雖說是佛門廣大，但給予社會群眾
一個腐化的影響。〔註53〕

東初指摘了臺灣齋教與佛教相互混淆的情形，固然東初對此的觀點不盡全然
公允，但透過其批評，了解大陸僧侶對於齋教文化的不諒解，將齋教與傳統
佛教混淆，確實呈現了其心中認為臺灣佛教混淆雜亂的想法，這些齋佛相混
的情況，不符合大陸僧侶所強調正統佛教應有的標準。

　　臺灣僧侶對於大陸佛教的來臺，雖然初期仍有不適，然隨著國民政府來
臺主導政權，大陸僧侶也逐漸取代了原本的閩南式與日本式交融的臺灣佛
教，〔註54〕就連臺灣的齋教也逐漸步入江浙系統為要的大陸佛教主流之中。
〔註55〕

　　大陸來臺佛教緇素遇上臺灣本土佛教人士，文化的碰撞與摩擦在所難
免，而其中的諸種互動造成佛教不同系統勢力的此消彼長，〔註56〕加之國民
政府播遷來臺的時移世變，臺灣佛教的發展遂進入以江浙系統為主的中國佛
教流脈。〔註57〕

　　雖然在悟光自撰之回憶錄中並無多提到關於終戰前後數年之間臺灣社會
與佛教發展的變遷狀況，然從前述可以觀察到悟光在當時社會可能接觸到的

〔註53〕釋東初：〈了解臺灣佛教的線索〉，收入張曼濤主編：《中國佛教史論集（八）
　　　　──臺灣佛教篇》（臺北：大乘文化，1978年），頁106。

〔註54〕陳玉女：〈戰後中國大陸逃難僧與臺灣佛教之轉折〉，收入游勝冠、熊秉眞編：
　　　　《流離與歸屬──二戰後港臺文學與其他》，頁467。

〔註55〕有關齋教匯入戰後大陸佛教為主的洪流中，有諸多研究可供參考。舉如釋信
　　　　融：〈西螺地區從齋堂到佛寺的轉型與發展──以釋道性法師的經驗為例〉，
　　　　收入顏尚文主編：《臺灣佛教與漢人傳統信仰研究》（嘉義：國立中正大學人
　　　　文研究中心，2008年），頁83～108；張崑振：〈齋堂與齋教：歷史淵源與發
　　　　展〉，《臺灣的老齋堂》（臺北：遠足文化，2003年），頁25……等有案例敘述
　　　　臺灣的齋堂轉型成為佛教道場的歷程以及整理臺灣齋教在戰後大陸佛教來臺
　　　　並逐漸成為主流的趨勢。

〔註56〕五十嵐眞子：《現代台湾宗教の諸相──台湾漢族に関する文化人類学的研
　　　　究》，頁179。

〔註57〕闞正宗：《重讀臺灣佛教：戰後臺灣佛教（正編）》（臺北：大千出版社，2004
　　　　年），頁54。

佛教背景。悟光在 1955 年到達竹溪寺學佛，並在 1957 年依止眼淨批剃出家，除了第二章所述是經人介紹，受到挽留之外，地緣較近、[註 58] 眼淨個人聲望崇隆與語言文化的接受度等條件，也是可能影響悟光選擇常住的因素。據悟光法嗣徹定所言，悟光平時講經與人對話皆以閩南語爲主，[註 59] 對於北京語相對不熟悉。是故，雖然大陸來臺僧侶也多有諸山方丈寺主身分、或是大陸名僧的弟子，但悟光終究選擇臺灣籍的僧侶，不能不考慮有文化語言上的因素，在時代轉變的過程中，也必須選擇一個與自身文化契合並且能夠適應的環境進行佛教修學。

第三節　悟光接觸道法修練、法派與齋教的歷程
（1918～1955）

一、悟光成長背景的信仰氛圍與尋訪道術的經歷

　　戰前，悟光對於修仙習道有所嚮往，事非偶然。若推至其童年，可見到幼年悟光已展現出對於民間祭祀信仰的興趣。悟光在〈滄桑回憶錄〉云及：

> 我到了五年級的時候，就挖泥土塑個神像，盜來神轎及鑼鼓，給幾位同學來抬神轎、打鑼鼓，有一次都相邀不上課，往後山去玩這遊戲，鑼鼓齊鳴大做文章，我當法官，請神等之儀禮如法泡製，但神都不來起駕，不得已命大家僞作神來起駕，大要一場。[註 60]

這樣鑼鼓喧天、請神問事的儀式，就這樣流行在悟光童年的生活中。臺灣的民間信仰複雜多元，在原住民文化之外，尚有數百年間歷史的各種統治政權，從荷蘭、明鄭、清代至日本，有舊時漢人移民所攜入的各種文化，更有隨入臺灣之境而易風隨俗的諸種民情，信仰文化之混雜可想而知。

　　因此，臺灣信仰多元豐富，自然在日常生活所接觸到的宗教也雜揉許多元素。宮本延人在〈日本統治時代臺灣における寺廟整理問題〉區分臺灣的漢民族宗教信仰爲三：儒教、佛教與道教。[註 61] 雖分爲三，實際上卻處處可見到儒、釋、道三教融會的影子。第二節提到臺灣的佛教來自於福建系

[註 58] 悟光於出身於高雄，竹溪寺在臺南，地緣上皆屬於臺灣南部。
[註 59] 2015 年 1 月 17 日訪問五智山光明王寺釋徹定。
[註 60] 釋悟光：〈滄桑回憶錄〉，《遍照之光》（1991 年 3 月 17 日），第 3 版。
[註 61] 宮本延人：《日本統治時代臺灣における寺廟整理問題》（奈良：天理教道友社，1988 年），頁 10～14。

統，禪淨混合，僧人極少，知識程度亦不高，其中又混有齋教這種「類佛教」或「在家佛教」的性質。而幼年的悟光所模仿的，則類似道教的儀式。引文中言及「法官」，就是臺灣民間信仰的重要角色之一。臺灣所流行與「法官」〔註62〕相關的「法派」傳統，是漢人移民進入臺灣時所攜來的文化。清代福建地方即有「巫覡煽誘男婦，科歛演祝……糊舟建醮，以爲祈禱」，〔註63〕其中的儀式綜有各種術法以祈福消災。雖言巫覡，然行法時包含了建醮等類似道教的儀式，內涵複雜，就與臺灣「法派」的內涵相近。《廈門志》也載：「別有巫覡一種，俗呼爲『師公』，……倡爲作福度厄之說。」〔註64〕法派又別有「法師公」派等名，其所執行的科儀雜有民間信仰、道教等式，因此若見巫覡、師公、法官等詞都需將其連結作一通盤的觀察，方能了解其所指向與「法派」的關涉。日治初期，對於這種信仰，《安平縣雜記》也載：「法官者，自謂能召神遣將，爲人驅邪治病，作一切禳解諸法。」〔註65〕已提到「法官」的功用。另外，丸井圭治郎所著《臺灣宗教調查報告書》也云：「法教看起來好像是獨立的派別，但是畢竟只是道教的一部分而已，其中一派有叫三奶派，它在臺灣很廣布。……其中特別專門做驅邪壓煞的法術。」〔註66〕文中「法教」是「法派」的另一稱呼，法派的其中一支「三奶派」，專做驅煞之術。顯示當時這些由「法官」執行的祈禳儀式流行於臺灣社會。

　　戴瑋志、周宗楊、邱致嘉、洪瑩發合著的〈臺灣法派源流及現況概述〉對於臺灣「法派」複雜的內涵歸納結論。其云：

> 法派……是複雜的華南傳統，包含巫術、道教、佛教、瑜珈教及畬族等少數民族的文化傳統，從經文中甚至可以看到其受到秘宗等影響，以及大航海時代下外傳文化的影響，尤其是跟道教形成一個複雜的關係，彼此獨立存在，卻有共同的關係，例如臺灣道士幾乎都會使用法派儀式，而北部正一派道士更是自稱「道法二門」，將法派儀式也作爲其道法傳統的一環。〔註67〕

〔註62〕臺灣「法派」宗教儀式的執行者，曰「法官」、「法仔」。
〔註63〕〔清〕徐景熹：《福州府志乾隆本》卷47（合肥：黃山書社，2008年），頁308。
〔註64〕〔清〕周凱：《廈門志》卷15（臺北：國史館臺灣文獻館，1993年），頁230。
〔註65〕〔清〕不著撰人：《安平縣雜記》，頁23。
〔註66〕丸井圭治郎：《臺灣宗教調查報告書》（臺北：捷幼出版社，1993年），頁97。
〔註67〕戴瑋志、周宗楊、邱致嘉、洪瑩發：〈臺灣法派源流及現況概述〉，《臺南傳統法派及其儀式》，頁14～15。

學者劉枝萬也總結「法派」的內涵。其言：

> 「法教（法派）」者，乃（法派）法師爲比擬道教所創名詞，因爲道
> 教皆兼修道、法二門，以致兩教常被混同。論其本質不過是巫覡之
> 徒，……，雖然獨樹一派，勉強立教，卻明缺教義，且缺乏經典，
> 僅靠符咒而已。〔註68〕

因此，討論悟光所接觸的儀式，歸類與定義仍有商榷空間。但總體而言，是
與「法官」關聯的臺灣「法派」，其與道教神祇的宮廟關係較深。因此，仍可
置於道教儀式的脈絡下觀察。

法派的「法官」功能性甚強，凡舉過關、祭土、送船、做獅，甚至可召
神遣將，爲人驅邪治病，作一切穰解諸法。是故，丸井圭治郎在《舊慣ニ依
ル臺灣宗教概要》將法派視爲是道教的一部分，道教經典《天皇至道太清玉
冊》云：「漢張道陵始有驅雷役鬼之事，行其法者，曰法官。」〔註69〕其曰「法
官」能驅雷役鬼，與現今法官行法的內涵相同。另如《太上淨明院補奏職局
太玄都省須知》：「職事司掌天下法官放第」、〔註70〕《靈寶無量度人上經大
法》：「法官兩手斗訣，蜀天門步北斗」〔註71〕等道藏經典也不斷出現法官一
詞，顯示「法官」與道教的連繫，故丸井氏將「法官」同屬道教與巫覡仍有
其理。〔註72〕

悟光往後在青年時期追尋與經歷的信仰與修行，即富有這類施作法術的
性質：

> 有人說要入山練丹、必須練法，亦就是道家的符咒法，會呼風喚雨，
> 召請鬼神來護衛及送食，當中問及高雄縣深水的地方有位符仔仙，
> 名「方新竹」，是臺南縣海寮人，來往於深水的破車籠。我就去請來
> 家裡設壇，學習符咒術，他所傳的是刀斧不傷法，屬法師公派，他
> 的學生亦不少，都來幫忙及過館，整個廳堂都充爲壇場，每日三時

〔註68〕劉枝萬：〈臺灣之法教〉，《臺灣文獻》卷57第3期，頁1。

〔註69〕〔明〕朱權主編：《天皇至道太清玉冊》卷3，收入《正統道藏》第1112冊（臺
北：新文豐出版社，1977年），頁187。

〔註70〕〔晉〕許遜：《太上淨明院補奏職局太玄都省須知》卷1，收入《正統道藏》
第317冊，頁20。

〔註71〕〔明〕不著撰人：《靈寶無量度人上經大法》卷3，收入《正統道藏》第72
冊，頁96。

〔註72〕丸井圭治郎：《舊慣ニ依ル臺灣宗教概要》（臺北：臺灣總督府，1915年），頁
28～29。

> 喝咒水，吞紅符，亦有手符縛在左腕，又有仙苔掛在胸上，每夜全
> 身畫惠字開光，雙眼、雙耳、眉間、口、都通通開過。……後就閉
> 關四十九天，坐在暗室，連吃飯都令人送入，一切婦人女子都不能
> 進去。四十九天圓滿出關，老師說一切符咒都隨意去用，必定有效，
> 可是我用了很多種去試驗，都沒有效果。〔註73〕

又：

> 有一次得到一部萬法歸宗上中下三卷，其中很多祭法，其中祭六甲
> 天書最迷人，我就開始搜集祭煉材料，擇地祭法四十九天，教主是
> 三仙九侯先生，每日行罡步斗吞符念咒，結果無法成功。〔註74〕

法師公派是臺灣法派的重要派別之一，流行於福建漳、泉與廣東潮、梅等
地，後隨移民傳入臺灣，該派以「法主公」為主要信仰對象，行道教符法、
祈禳消災、降妖鎮邪，在臺灣、閩南、客家地區甚有威名。《萬法歸宗》則是
符籙、咒文、神圖、手印等術數集成的一本書籍，在民間流傳頗廣，然《萬
法歸宗》一書卻不收於《正統道藏》與《道藏輯要》，道教對於該書保持存疑
態度。悟光伊始熱衷於道法修練，四處尋師訪道，然由於臺灣社會宗教本有
的駁雜性，悟光所訪師道與傳統道教之修真路數相距甚遠，所接觸的層面，
有類於道教的「法派」，或有據會集道術符法的《萬法歸宗》自修自練者。對
於法術學習，尚有兩次的紀錄：

> 後打聽一位澎湖的朋友，聽說澎湖有二位最利害的符仔仙，一位人
> 稱「石頭仔」，一位是湖東「陳清良」，陳老先生年已近七十歲，我
> 前往拜訪請他傳授，起初他不答應，後來他允許了，就跟他學法，
> 回來試驗全部無效。〔註75〕

> 又一次聽人說，要往埔里的中間，有個地方名雙冬，住著一位范先
> 生。他會做到合竹，亦就是將一支約十二尺的竹破成二片，令弟子
> 二人各拉一頭，他用符咒水噴下，該竹復合不開。其他符咒都很靈
> 驗，我就與高雄醫學院江主任的父親江家錦先生前往拜訪……范先
> 生就念起咒語左手托一碗水，右手作劍印於中虛寫符字，然後將咒
> 水噴灑於竹片上，用雙手將竹片拿合，但都無效，再做幾次至十二

〔註73〕釋悟光：〈滄桑回憶錄〉，《遍照之光》（1990年12月23日），第2版。

〔註74〕釋悟光：〈滄桑回憶錄〉，《遍照之光》（1990年12月23日），第2版。

〔註75〕釋悟光：〈滄桑回憶錄〉，《遍照之光》（1990年12月23日），第2版。

點，我與江老先生因爲下了少雨故坐於房屋的簷下觀摩，范先生大
呼奇怪！爲什麼不靈。〔註76〕

這些術法的學習，目前無法斷定或歸類於何門何派的系統。但綜觀過程，
大約可以判別是屬民間信仰所進行的法術修練。然幾次的探訪結果都差強
人意，悟光於此皆無感應。這過程使得悟光對於道法修練失去信心應有關
鍵的影響，這樣的情形一直延續到戰後，悟光的術法修練與追求方有明顯的
轉向。

二、轉向道家修煉與結緣佛教之契機

戰後初期，悟光結識志同道合的修行朋友，也曾經耳聞關於道家煉丹法
的各種修道仙書，如《黃庭內景》、《黃庭外景》、《入藥鏡》等經典。特別的
是這些經典皆收於《正統道藏》。直到此處，悟光所觸及的修練典籍方有與傳
統道教相關，此時方可算是悟光接觸到傳統道教相關文獻的開始。

而後，爲了追尋對於道教修練更進一步的理解，悟光甚至到訪齋堂。這
是回憶錄中，悟光接觸齋堂唯一的紀錄，其自敘過程：

> 忽然來了一位素未謀面朋友來訪，我就在談話中提到經書的問題，
> 這位朋友說他有十幾冊，但看不通，他就於翌日送來借我看。我全
> 部看了好幾次，但其中的秘訣都不清楚。自此繼續努力打聽，有一
> 天得到一個好消息，這種道經在先天派的齋堂有，我放去工作前往
> 求借，終於借到，這本書是《修道全旨》，在先天派或金幢派都奉爲
> 金科玉律，奉置於神殿的內陣、名皇華寶懺、根本是經不是懺、亦
> 非上古的祖師或聖人所著，是蔣廷跋所書。以後陸續找到很多難於
> 入手的書，比較之下大同少異。〔註77〕

到得齋堂，對於這些經書，悟光卻認爲「亦非上古的祖師或聖人所著」，雖陸
續又找到許多書籍，卻令人「難以入手」，與其所要追求的修行方向有所偏
離，故沒有繼續探究。

臺灣的齋教在日治時期多稱爲「在家佛教」，主要可分爲龍華、金幢與先
天等三派。又因齋教著重於禁絕葷辛的蔬食齋戒，故又稱爲菜門。日治時期
以前，臺灣的佛教與齋教之間，由於文化、信仰、歷史發展等因素的影響，

〔註76〕釋悟光：〈滄桑回憶錄〉，《遍照之光》（1990 年 12 月 23 日），第 2 版。
〔註77〕釋悟光：〈滄桑回憶錄〉，《遍照之光》（1990 年 12 月 23 日），第 2 版。

彼此關係密切，甚難明確分離齋教與佛教的涇渭。〔註78〕

　　齋教在臺灣發展已久，從明清移民以來，齋教因本身具有的大眾性、靈活性與樸素性等特點，容易走進民間，受到群眾的喜好，齋堂遍布臺島、組織密集，信仰規模可觀。〔註79〕然而在悟光所自述戰前的宗教信仰經歷，卻幾乎不見齋教信仰的參與，只在戰後尋求經書之時，與齋堂有所接觸，十分耐人尋味。

　　性喜修行的悟光在漫長的修行追尋的過程中，對於齋教的鮮少接觸，甚而有機緣觸及齋教後，也無意繼續深入，若從〈滄桑回憶錄〉中所述判斷，可能由於齋教本身的歷史與教義是依附中國原有的三教思想加以雜揉、發明的信仰，在宗派的發展上也屢有爭議。這種特質恰好與悟光心欲追尋源遠流長的教派祖師或聖人之教法有所差別。因此，在信仰的選擇上，容易與齋教分道揚鑣。另外，悟光出身於高雄內門，該地與日治時期的大型抗爭「西來庵事件」發生地有地理位置的關聯性。「西來庵事件」是以王爺信仰與齋教為核心號召群眾的抗爭事件，當時日軍為了鎮壓該事件，所起事的玉井、左鎮、南化、甲仙等地區臺人民眾幾受屠殺，是震驚一時的抗爭行動。〔註80〕該事件是否影響悟光對於齋教的觀感無法確指，但悟光的出身地緣及其宗教歷程中對齋教的態度和距離確實是有某種程度上的巧合，是筆者不得不提出參考的主要理由。

　　最後，悟光在追求法術修練時遇到一禪師，影響其信仰追求的方向，他說：

> 他（臨濟宗禪師）一句道破千古秘密，禪師講了古時呂祖與黃龍的
> 話，最後說「練丹就是練心，心不動曰丹，悟了心即服了丹，練丹
> 或坐禪都是手段，若不能了悟心，任你練幾世都是凡夫。」〔註81〕

該禪師所言對照悟光之前所接觸到的術法習學或是道教修練都有明顯差異，悟光認同禪師所言：若欲悟道，須從心修，非向外求。悟光接受該位禪師意

〔註78〕李添春：《臺灣省通志稿人民志宗教篇》（臺北：臺灣省文獻委員會，1956年），頁79～80。

〔註79〕吳敏霞：《日據時期的臺灣佛教》（臺中：太平慈光寺，2007年），頁215～224。

〔註80〕關於西來庵事件（噍吧哖事件）的經過與鎮壓行動的影響，可詳見康豹：《染血的山谷：日治時期的噍吧哖事件》（臺北：三民書局，2006年）一書對於受鎮壓地區人口的減少與社會的變遷有完整的說明。

〔註81〕釋悟光：〈滄桑回憶錄〉，釋悟光手稿。

見後，「對於夢想神仙已無興趣」，〔註 82〕從此修道之路有顯著轉向。這是悟光自述的回憶錄中，進入竹溪寺修行前思考道法修練的最後抉擇。之後，遂漸步上學佛之道。

自青年時期開始悟光就心繫道法修練，有關悟光尋訪或參與道術習學的歷程多在戰前，然此段歷程卻一直持續到戰後初期，而後轉向佛教修行，為求論述的一致性與此段「道法修練、法派與齋教對悟光的影響」理解的完整性，因此論述延伸至戰後初期。

總結悟光追尋道法的歷程，無論有幾多波折，早期的道術經歷對於悟光應該仍有些許影響，例如悟光的著作中，有所謂《真言密教與巫術》。〔註 83〕雖然該著作是與真言密教合論，然而在悟光撰述的態度與思想中，早期接觸術法的修習歷程也不可完全否定，至少悟光對於所謂「巫術」的實際體驗也應有增廣見聞的助益，甚至日後悟光接觸密教，對於密教豐富的神祇系譜與多樣的咒法儀軌，在儀式操作與宗教體驗上比起一般修持者有更深刻的理解與體會。這段青澀的求法時期，顯現了悟光所奠定信仰追尋的基礎，推波助瀾了往後悟光對於佛學思想及密教瑜伽的興趣。悟光自言：

> 從少就隨著家庭信仰神道教，常常聽到古聖先賢的神祕史話，幼小的心靈，早就刻上了學法的印象，所以學過了很多小術，但尚未達到究竟的願望，後來研究到丹道、佛學以及瑜伽，就更加感到興趣。〔註 84〕

因此悟光的佛教學修成果，都不能與其多元的信仰歷程切割，方能有更立體而全面的認識。

〔註 82〕釋悟光：〈滄桑回憶錄〉，釋悟光手稿。
〔註 83〕釋悟光著作，1992 年完稿，未出版刊行。
〔註 84〕釋悟光：〈序〉，《瑜伽養生術與祕密道》（高雄：派色文化，1997 年），頁 3。

第三章　釋悟光竹溪寺時期的修學與六龜閉關的歷程

　　竹溪寺時期的修學與六龜閉關的歷程，起自悟光 1955 年到達竹溪寺開始，至 1971 年赴六龜閉關爲止。時間跨幅凡 16 載。期間歷程幾經變化：推動竹溪寺務、出入顯密、兩度掩關。故本章除探討其行藏之外，亦關注習學內容或風氣，以明此段過程的修學軌跡。

第一節　竹溪寺的行政與修學經驗（1955～1969）

一、跟隨眼淨出家的因緣

　　悟光接受臨濟宗禪師指點後，棄仙入佛，原先打算「到大覺寺練心」，〔註1〕而後遇到左營的許德福（生卒年不詳），是臺南竹溪寺住持釋眼淨（1898～1971）的皈依弟子，因此介紹悟光到竹溪寺。

　　當時竹溪寺住持法名眼淨，表字證法，俗名林看。12 歲時（1910）依臺南竹溪寺僧「捷圓」（1879～1948）剃度，後受日僧東海宜誠（1862～1988）的推介到日系臨濟宗的臺北鎮南學林就讀。鎮南中學林畢業之後，於臺北觀音山受三壇大戒，〔註2〕受戒後遠赴廈門南普陀寺遊學，其後再赴日本深造，

〔註1〕釋悟光：〈滄桑回憶錄〉，釋悟光手稿。此處的大覺寺，悟光並未言明是哪裡的寺院。若以悟光出生地高雄內門來搜尋鄰近鄉鎮以「大覺寺」爲名較有名的寺院，僅有觀音山大覺寺，該寺又稱大社大覺寺，舊稱翠屏巖。位於高雄市大社區。相傳建於清代康熙年間，由臺南知府蔣元烜所募建。

〔註2〕眼淨受三壇大戒的時間推測可能是 1921（大正十年）這一波的戒期，關於戒

曾接觸過眞言、法相等諸宗之學，是當時少見具有知識程度與佛學修養的僧侶。〔註3〕

【圖 3-1-1】曾任竹溪寺住持的釋眼淨

資料來源：釋淨明主編：《眼淨和尚圓寂二十五週年紀念集》，頁4。

1955 年悟光到寺後，與眼淨初次見面，兩人相見甚歡。悟光回憶當時情況：

> 一齊去見（眼淨）和尚，一見如故，對我非常親切，留住在精舍與
> 和尚同住，和尚住西房，我（悟光）住東房。〔註4〕

期舉辦的時間與地點，可詳見李世偉：《臺灣佛教、儒教與民間信仰》，頁6。

〔註3〕關於眼淨的生平經歷可詳見闞正宗：《臺灣佛教一百年》，頁94；于凌波：《民國佛教高僧傳續編》，頁355。另關於眼淨選擇到達南普陀參訪的原因，據《南瀛佛教》第14卷3號（1936年），頁54所言「大正九年（1920），由永智師渡葦，恭請會泉法師來山（高雄大崗山龍湖庵）指導一切」，筆者按1920年適逢眼淨於鎮南學林畢業返竹溪寺，是否因此聽聞釋會泉（1874～1942）德風，引發日後往南普陀之契機不得而知，然此歷史，筆者仍認爲可做一參考。詳見不著撰人：〈會報雜報〉，《南瀛佛教》（1936年），頁54；另有關釋會泉與臺灣佛教界的接觸，亦可參考闞正宗：《臺灣日治時期佛教發展與皇民化運動》，頁245～251。

〔註4〕釋悟光：〈滄桑回憶錄〉，釋悟光手稿。

從敘述看來，眼淨給予悟光的印象甚佳，同時眼淨本身的修學經歷豐富，在當時的臺灣佛教界是屬於有知識涵養的僧人，悟光有否受到眼淨經歷的吸引無法確指，然而悟光確有自述到竹溪寺能受到眼淨指點禪修的想法。〔註5〕後經眼淨鼓勵出家，悟光遂決定在此圓頂，序爲眼淨派下之剃徒，法名悟光，表字全妙。然而，據悟光法嗣釋徹定口述，悟光曾經與弟子談到在竹溪寺出家一事，並非自願，是半推半就的情況下，被眼淨挽留在竹溪寺協助寺務。〔註6〕常住竹溪原非悟光本意，雖與悟光回憶錄所述略有落差，然若研讀悟光常住竹溪寺之後擔任職事的忙碌過程、苦惱修行進度停滯不前的情況，則可考量是否悟光在回顧竹溪鎮日忙碌經歷的情景之下，心有所想，因此對弟子口述該段經歷對於竹溪的選擇仍是趨於被迫的意願較爲明顯。

另外，關於悟光的出家情形，尚有一牽絆，即是悟光原本已有家室，然爲奉父母之命成家，雖有妻兒，但悟光向道心切，只能與原先家庭惜別。悟光與妻兒原本就聚少離多，妻子雖然泣訴苦守寒窯，然悟光去意仍堅，除了向道之心堅定以外，悟光自述原先不願成家，乃奉雙親之命而納娶，感情之親疏亦令悟光難言好壞。因此爲了修行，亦不願繼續棲身塵俗，故往方外而去。〔註7〕1957年在竹溪寺，依住持眼淨披剃出家。波折的前半生在此遂畫下句點，另展開新的人生進程。

二、協理寺務的執事經歷

竹溪寺是臺南富有歷史的著名佛寺，早在明清之間就有建制。〔註8〕明鄭時期的詩人沈光文（1612～1688）所作〈州守新構僧舍於南溪，人多往遊，余未及也〉，其載：「沿溪傍水便開山，我亦聞之擬往還。一日無僧渾不可，十年作客幾能閒？書成短偈堪留寺，說到眞虛欲點頭。正有許多爲政處，僅將心思付禪關。」〔註9〕是見存有關竹溪寺最早的記載。盛成、盧嘉

〔註5〕釋悟光：〈滄桑回憶錄〉，釋悟光手稿。
〔註6〕2016年8月27日訪問五智山光明王寺釋徹定。
〔註7〕悟光出家此景，似不符俗情。然方外之事，本有親離兩難的狀況。佛教史上有爲數不少辭親出家的案例，筆者在此並不贅述。若此情景，可以參照民國著名僧侶釋弘一（1880～1942）、釋倓虛（1875～1963），皆是先有家室而後出家的典型例子；另有關悟光出家時，妻兒的心境可詳見釋悟光：〈滄桑回憶錄〉，釋悟光手稿。
〔註8〕釋自憲：〈府城竹溪寺創建年代之考察〉，《世界宗教學刊》第19期（2012年），頁192。
〔註9〕龔顯宗主編：《沈光文全集及其研究資料彙編》（臺南：臺南縣立文化中心，

興、瞿海源等學者推論詩題的「南溪」即指竹溪寺前之「竹溪」，以此作爲竹溪寺創建於明鄭之根據。〔註10〕及至清康熙 30～61 年間（1691～1722），竹溪寺名始明確出現於詩稿，〔註11〕如齊體物（生卒年不詳）、〔註12〕張士箱（1673～1731）、〔註13〕黃名臣（生卒年不詳）、〔註14〕蔣仕登（生卒年不詳）〔註15〕等文人墨客，皆以「竹溪寺」爲詩名創作。〔註16〕志書方面，成書於康熙 33 年（1694）高拱乾所著《臺灣府志》云：「竹溪寺：在府治東南數里許，其間林木蒼鬱，溪徑紆迴，最爲勝景。」〔註17〕所錄方位與今日竹溪寺址大致相同，是臺灣志書最早有竹溪寺名與位置的記載。竹溪寺的創建時間歷來素有爭議，〔註18〕無論如何，最晚於清康熙年間就已存在，歷史仍屬悠久。

　　悟光出家期間的竹溪寺景況，由於竹溪寺截至目前（2017）仍無官方的寺志，〔註19〕尚須透過其他著作方可一察當時的情形。竹溪寺自明清以來，幾

　　　　1998 年），頁 20～21。
〔註10〕有關竹溪寺創建於明鄭時期的研究，可詳見盛成：〈沈光文研究〉，《臺灣文獻》第 2 期（1961 年），頁 6～12；盧嘉興：〈臺灣的第一座寺院──竹溪寺〉，收入張曼濤主編：《現代佛教學術叢刊（87）‧中國佛教史論集（臺灣佛教篇）》（臺北：大乘文化出版社，1979 年），頁 233～254；瞿海源：《重修臺灣省通志‧住民志‧宗教篇第一冊》（南投：臺灣省文獻委員會，1992 年），頁 79～81。
〔註11〕釋自憲：《臺南府城竹溪寺傳承發展史之研究》（新竹：玄奘大學宗教學系碩士論文，2012 年），頁 189。
〔註12〕齊體物，清康熙年間進士，曾任康熙朝臺灣府海防捕盜同知。
〔註13〕張士箱，曾任清廷漳州府學司訓，康熙 59 年（1720）修《臺灣縣志》，攜眷來臺，耕讀傳家。
〔註14〕黃名臣，清康熙年間臺灣縣稟生。
〔註15〕蔣仕登，清康熙年間臺灣諸生。
〔註16〕如齊體物〈竹溪寺〉、張士箱〈竹溪寺〉、黃名臣〈竹溪寺〉、蔣仕登〈竹溪寺晚眺〉等諸詩，現收錄於陳漢光編：《臺灣詩錄》（臺中：臺灣省文獻委員會，1984 年），頁 130、202、226、233。
〔註17〕〔清〕高拱乾：《臺灣府志》（臺北：台灣史料集成編輯委員會，2004 年），頁 216。
〔註18〕楊惠南：〈竹溪寺創建年代的再商榷〉，《臺灣文獻》第 52 期（2002 年），頁 99～112。
〔註19〕竹溪寺目前並無官方纂修的寺志，僅立於大殿前由盧嘉興所撰之沿革碑記可爲官方之史料。另則有與住持釋資定關係良好的比丘尼釋自憲，發表於 2012 年的玄奘大學宗教學系碩士學位論文《臺南府城竹溪寺傳承發展史之研究》是目前根據諸種史料、研究與口述資料撰寫竹溪寺史最爲完整者。有關竹溪寺官方寺志的情況來自 2017 年 4 月 7 日訪問臺南市竹溪禪寺釋資定。

【圖3-1-2】1927年以前的竹溪寺

資料來源：關山情主編：《臺灣古蹟全集 第三冊》，臺北：戶外生活雜誌社，
1970年，頁67。

經興衰，[註20] 眼淨的師父捷圓（1879～1948）住持時，曾於1927～1934年間挹注資金重建竹溪寺，然設計不良。捷圓圓寂後，經推舉眼淨於1948年繼任竹溪寺住持，[註21] 當時寺院屋舍已然危頹。《元亨寺志》曾據眼淨遺稿陳述「當時的竹溪寺，殿堂頹圮，四處蔓草，荊棘叢生」，[註22] 悟光也回憶道：「（捷圓）重建三合土結構。當時臺灣的建築，對於三合土還很生疏，……，分開建蓋以致裂縫漏水，一遇颱風大雨連早晚課都被漏下之雨濕得難於居住。」[註23] 可以想見，當時屋漏傾頹的景況。故竹溪寺急需重整，眼淨肩負寺院重任，需要人手協助繁雜庶務。

　　眼淨除了全力重整竹溪寺的各項設備之外，其對於教育事業的熱衷也使佛教學院的興辦成為寺務的另一重點，早從眼淨1935年發表在《南瀛佛教》的〈本島佛教振興策〉觀察，其文強調僧伽教育的內容就可見其態度，[註24]

〔註20〕釋自憲：《臺南府城竹溪寺傳承發展史之研究》，頁43～45。
〔註21〕闞正宗等著：《物華天寶話開元——臺南市二級古蹟開元寺文物精華》（臺南：臺南開元寺，2010年），頁153。
〔註22〕該原文為釋眼淨所撰，由朱其麟提供文稿予釋會忍參考引用。詳見釋會忍：〈法脈傳承〉，《元亨寺志》（高雄：打鼓巖元亨寺，2010年），頁39。
〔註23〕釋悟光：〈滄桑回憶錄〉，釋悟光手稿。
〔註24〕林眼淨：〈本島佛教振興策〉，《南瀛佛教》第13卷第1號（1935年），頁27。

另與眼淨相熟的釋開證（1925～2001）、釋演培等人也不約而同指出眼淨熱衷興辦教育的特點。〔註25〕

【圖 3-1-3】1927 年捷圓改建竹溪寺為三合土結構

資料來源：曾景來：《臺灣宗教と迷信陋習》，臺北：臺灣宗教研究會，1938 年，頁 369。

【圖 3-1-4】臺南竹溪佛學書院開學典禮

資料來源：釋淨明主編：《眼淨和尚圓寂二十五週年紀念集》，頁 12。

〔註25〕釋開證：〈我所懷念的眼淨和尚〉，收入釋淨明主編：《眼淨和尚圓寂二十五週年紀念集》（高雄：元亨寺妙林出版社，1996 年），頁 59；釋演培：〈我所尊敬的眼淨和尚〉，收入釋淨明主編：《眼淨和尚圓寂二十五週年紀念集》，頁 49。

【圖 3-1-5】臺南竹溪佛學書院第一屆畢業紀念

資料來源：釋淨明主編：《眼淨和尚圓寂二十五週年紀念集》，頁 13。

　　1953 年 4 月協助中國佛教會臺南市支會於竹溪寺辦理佛學講習會。〔註26〕後於 1954 年主辦「竹溪佛學書院」，〔註27〕竹溪寺遂開始興辦佛學院的教育事業。〔註28〕

　　釋會禪曾經歷眼淨興辦佛學院的時代，亦回憶道：

> 民國 51 年 4 月 1 日，臺南竹溪寺佛學院終於在萬般艱辛的環境下開辦了。當時，（眼淨）和尚擔任院長，並主持臺南竹溪寺第一屆佛學書院開學典禮……民國 54 年 3 月 23 日的畢業典禮中，和尚寄望每位同學：「從今而後，要依教奉行，代佛宣揚……。」〔註29〕

除了開辦學院，眼淨本身在臺南市佛教界也非常活躍。〔註30〕1962 年當選臺南市佛教支會理事長，〔註31〕1959～1969 年間更身兼臺南開元寺住持。〔註32〕

〔註26〕不著撰人：〈新聞網·臺南〉，《覺生》第 41 期（1953 年），頁 28。

〔註27〕闞正宗：《臺灣佛寺導遊（九）》（臺北：菩提長青雜誌社，1997 年），頁 61～62。

〔註28〕闞正宗等著：《物華天寶話開元——臺南市二級古蹟開元寺文物精華》，頁 153～154。

〔註29〕釋會禪：〈懷念眼公上人〉，收入釋淨明主編：《眼淨和尚圓寂二十五週年紀念集》，頁 89～91。

〔註30〕闞正宗等著：《物華天寶話開元——臺南市二級古蹟開元寺文物精華》，頁 154～155。

〔註31〕不著撰人：〈臺南市支會改選　眼淨和尚以高票當選理事長〉，《覺世》（1962

行政事務的繁重可想而知，悟光到達竹溪時正是眼淨推動佛學教育的時間點，眼淨的出家弟子若有能力者，都需協助眼淨處理相關行政事務。〔註33〕

　　悟光出家後即被派「書記」與「會計」的職位。除此，更兼有講經工作。據聞悟光曾在臺南公園與赤崁樓康樂臺等處弘講布教。〔註34〕從眼淨挽留悟光常住竹溪協助寺務的脈絡看來，可想像悟光對於其他行政工作亦兼有協助之責。例如 1966 年「臺南市佛支會第 10 屆理監事改選，由眼淨和尚的

【圖 3-1-6】悟光名列竹溪寺祖堂（由下上數第二排左邊者為悟光牌位）

資料來源：筆者攝於臺南市竹溪禪寺臨時祖堂。翻攝日期：2017 年 4 月 7 日。

年 3 月 11 日），第 4 版。

〔註32〕闞正宗等著：《物華天寶話開元——臺南市二級古蹟開元寺文物精華》，頁154。

〔註33〕例如在竹溪寺佛學院授課時，傳妙、虛妙、然妙、菩妙、全妙等眼淨的弟子皆須負責授課。而如全妙（悟光）、然妙、虛妙等徒也在佛教支會出任執事、協助眼淨。有關情形可詳見釋自憲：《臺南府城竹溪寺傳承發展史之研究》，頁 97～99；闞正宗等著：《物華天寶（開元——臺南市二級古蹟開元寺文物精華》，頁 154～155。

〔註34〕2017 年 4 月 26 日訪問五智山光明王寺釋徹送；2017 年 4 月 26 日訪問五智山光明王寺香港分院釋徹鴻。

【圖 3-1-7】悟光以「首座」之銜名列竹溪寺祖堂

```
第           圓
三   上      寂
代          比
首   全      丘
座
     下      妙
              之
              蓮
              座
```

資料來源：筆者依照臺南市竹溪禪寺臨時祖堂悟光蓮位之樣式繪製。

弟子，也是竹溪寺的監院然妙（1927～1988）當選（理事長），而全妙（竹溪寺書記）與虛妙（開元寺監院）仍膺選為理事。」〔註35〕悟光時任書記，亦當選佛教支會理事。竹溪寺現任住持釋資定（1955～）亦回憶，悟光的執事能力十分優異，處事明理俐落，眼淨住持期間已善於協理事務之外，其後第三任（1970～1988）住持釋然妙（1922～1988）的時代，悟光陞任首座，曾主理重建寺院等事，皆井然有序。即使日後悟光已於高雄內門開創光明王寺，2000 年仍受邀返竹溪寺主持第六任住持改選大會。〔註36〕悟光圓寂後，以首座之銜名列竹溪寺祖堂。從此看來，悟光能力頗佳，故在當時的眼淨門下應是可付任務的弟子之一。

三、師徒的互動與學習

悟光在竹溪寺披剃出家，受到師父何種教導？首先，必須了解的是眼淨其人。基本上，眼淨擔任竹溪寺住持期間非常熱衷於佛教事業的興辦。這與

〔註35〕不著撰人：〈南市支會代表大會選舉理事長釋然妙當選〉，《新覺生》第 4 卷第 5 期（1966），頁 3。
〔註36〕2017 年 4 月 7 日訪問臺南市竹溪禪寺釋資定。

眼淨曾經在廈門南普陀寺接觸釋太虛（1890～1947）主導之下的閩南佛學院甚有關連，〔註37〕以致眼淨對於中國佛教的傾心，以及對於太虛所倡「僧伽教育」與「佛教發展」理念有強烈關注。釋演培回憶眼淨曾強調：「做個如法如律的僧人，做個戒行莊嚴的佛子，絕對不可如日僧那樣的俗化。」〔註38〕釋善嚴也回憶眼淨非常珍惜遊學廈門南普陀寺時，所受贈中國佛教樣式的袈裟祖衣，後更捨臺灣與日本式的袈裟，常披該衣。〔註39〕擔任竹溪寺住持時，亦曾與釋印順暢談僧伽教育與太虛復興佛教之事，竟至深夜而未了。〔註40〕可知眼淨本人所從事的佛教活動與太虛一系的思維有所關係。眼淨所流露出以上所述的風格，在旁人眼中也可見及，〔註41〕這可能就是悟光所接觸到的眼淨。

　　然而眼淨給予悟光的印象，從悟光撰寫〈眼淨和尚事跡〉一文，可以看到悟光所述的眼淨，是一「推展寺務，不遺餘力」、著重「培育僧才」與「弘法事業」的僧侶，及至病重臨終時，掛心之事仍為住持寺院之行政事務。〔註42〕眼淨重於弘教興業的風格可見一斑，〔註43〕至少，在悟光心中的眼淨形象，即是如此。

　　在法義方面，由於悟光見存著作中，除親自撰寫回憶眼淨的〈眼淨和尚事跡〉之外，與眼淨互動的紀錄幾乎闕載。後在悟光講述的《肇論講記》中，

〔註37〕廈門南普陀寺佛學院的開辦，有「現代佛教復興實例」之譽。詳見陳繼東：〈第六章　中國佛教現狀〉，收入沖本克己、菅野博史主編，辛如意譯：《中國文化中的佛教》（臺北：法鼓文化，2015年），頁356。

〔註38〕釋演培：〈我所尊敬的眼淨和尚〉，收入釋淨明編：《眼淨和尚圓寂二十五週年紀念集》（高雄：元亨寺妙林出版社，1996年），頁49。

〔註39〕釋善嚴：〈追憶眼淨和尚〉，收入釋淨明編：《眼淨和尚圓寂二十五週年紀念集》，頁76～77。

〔註40〕釋演培：〈我所尊敬的眼淨和尚〉，收入釋淨明編：《眼淨和尚圓寂二十五週年紀念集》，頁48。

〔註41〕有關以上所述眼淨的風格，不斷地出現在諸弟子友人所撰寫之回憶文章當中，可詳見釋淨明編：《眼淨和尚圓寂二十五週年紀念集》，頁46～98。

〔註42〕釋悟光：〈眼淨和尚事跡〉，收入釋淨明編：《眼淨和尚圓寂二十五週年紀念集》，頁68～71。

〔註43〕眼淨在1935年，就曾發表〈本島佛教振興策〉，就「佛教事業」、「寺院經營」、「僧伽教育」等關乎臺灣佛教發展的議題提出芻議，至於1949年以後，曾與釋印順等太虛門人深談來往，可知眼淨在閩南佛學院受太虛思想影響所及，重視僧伽教育與佛教發展等議題。詳見林眼淨：〈本島佛教振興策〉，《南瀛佛教》第13卷第1號（1935年1月1日），頁27。

看到悟光難得自述到與眼淨的互動及法義討論，透過這段簡述，終可稍微窺見其師徒的實質互動與思想的討論。悟光云：

> 我師父（眼淨）是很偉大的，我受此血脈（臨濟宗竹溪寺），我師父做為師公（捷圓）的徒弟，但師父沒學到師公的法，只是拜他為師，盡量的孝順他而已。我師父教我的我就無法接受，因為我愛辯。我問最初有多少人類？意思是說最早被創造的人類有多少個？有輪迴性否？第一個是男生還是女生？若只有一個男生會不會變成兩個人？若古代的人一個會迸出兩人，為何現在的人不會變作兩人？因為宇宙是無終無始的，時間是無頭無尾的，故古代即是現在，現在即是古代，時間的觀念只是凡夫之見。我們若是猴子演變的，那為何現在的猴子不會變成人？猴子與人交配就不能成為人，因為基因不合，如同芒果不能嫁接一樣。若萬物是被創造的，那麼是誰在創造？基督教說上帝。若是，我就要去信基督教，不信佛教了。但信佛教是有其特色的，什麼樣的特色你不知道，那你如何教人去信？問來問去，結果他認為我不可教。〔註44〕

悟光記憶中與眼淨相處的情形，其所呈現的對話與其說是法義討論，毋寧說是思想的辯論。據引文所述，當時的詰問十分冗長，一題接著一題。所質問之題目頗有「十四無記」的風格，〔註45〕從人類初生、性別演化、宇宙終始、時間來去等哲學性質濃厚的問題接連質問，可以見得悟光當時對於人生宇宙諸種問題的疑情。然而眼淨似乎無法完全回應悟光的詢問，而認為悟光「不可教」。透過這段引文，可感受到悟光與眼淨在法義學習上的關係也許是比較疏離的，然悟光與眼淨的師徒關係是否因此冷淡？若從悟光如前述被眼淨派予諸多行政任務，以及眼淨臨終時，將未處理之行政事務交給悟光，〔註46〕並且列悟光為嗣法法徒之一，〔註47〕可知師徒兩人的關係仍有相當的聯結。

〔註44〕釋悟光：《肇論講記》（香港：資本文化，2016 年），頁 332。

〔註45〕在佛典《雜阿含經》與《中阿含經》有載，佛世時曾有外道討論生死與宇宙空間的一組哲學問題。

〔註46〕眼淨臨終時，居於先前悟光所住竹溪寺旁的妙明精舍，親眷釋語淨、法眷釋碧妙等隨侍在側，曾召悟光交待有關現金簿與印鑑等事須代為保管。詳情可參見釋菩妙：〈眼淨和尚生平事蹟〉，收入釋淨明主編：《眼淨和尚圓寂二十五週年紀念集》，頁 39；釋悟光：〈眼淨和尚事跡〉，收入釋淨明主編：《眼淨和尚圓寂二十五週年紀念集》，頁 70 等文有載。

〔註47〕關於捷圓、眼淨派下法脈分燈狀況，可參考竹溪寺印行的法脈燈譜──《臨

只是在佛法修學上，兩人的觀念與溝通無法完全會通而已。

　　另外，引文所述，悟光尚稱「我的師父是很偉大的」，悟光對於自己的剃度師父仍頗具敬意，至於如何偉大悟光再無說明。但若從《眼淨和尚圓寂二十五週年紀念集》一書分析諸徒眾道友對於眼淨的讚嘆與懷念，都是集中在弘法傳教、寺院振興、佛教會業務推動等關於佛教事業的建設，〔註48〕而非佛學思想的建構〔註49〕，可以看見眼淨在佛教界與徒眾心目中的影響力應在於佛教事業的弘化方面，於是「早期的臺灣佛教界，只要一談起眼淨，無不翹楚讚嘆其為法度生之視機，由其生平喜辦教育，在作育僧才方面實是不遺餘力。」〔註50〕此當可指涉悟光謂其師父眼淨「偉大」的面向之一，足作參考。

　　眼淨的身教多於言教，〔註51〕對徒眾的影響者大都在於弘法事業的開展，其中道場人事的進退、寺院建設的安排等都可謂是眼淨對於弟子的風行草偃。從悟光的行藏觀察，也可知悟光在竹溪寺所經歷的幾乎都是行政事務的磨練。1963 年左右即在竹溪寺出家的釋慶定亦坦言，竹溪寺的出家生活是

　　　　濟宗南海普陀山普陀前寺寶島傳燈錄》。詳見眼淨和尚紀念會編：《臨濟宗南
　　　　海普陀山普陀前寺寶島傳燈錄》（臺南：竹溪寺眼淨和尚紀念會，2001 年），
　　　　頁 15。
〔註48〕舉如釋菩妙：〈眼淨和尚生平事跡〉，收入釋淨明主編：《眼淨和尚圓寂二十五
　　　　週年紀念集》，頁 36～39；釋超定：〈念眼公・憶往事〉，收入釋淨明主編：《眼
　　　　淨和尚圓寂二十五週年紀念集》，頁 51；釋悟光：〈眼淨和尚事跡〉，收入釋淨
　　　　明主編：《眼淨和尚圓寂二十五週年紀念集》，頁 68～71；釋善嚴：〈追憶眼淨
　　　　老和尚〉，收入釋淨明主編：《眼淨和尚圓寂二十五週年紀念集》，頁 75～76；
　　　　釋敬定：〈感恩與懷念〉，收入釋淨明主編：《眼淨和尚圓寂二十五週年紀念
　　　　集》，頁 81～83；釋會心：〈悼念慈悲的眼公老人〉，收入釋淨明主編：《眼淨
　　　　和尚圓寂二十五週年紀念集》，頁 86；釋會禪：〈懷念眼公上人〉，收入釋淨明
　　　　主編：《眼淨和尚圓寂二十五週年紀念集》，頁 89 等文皆是以懷念眼淨本人的
　　　　行誼道風與佛教事業推展的事蹟為主。
〔註49〕除眼淨早期尚未擔任竹溪寺住持以前發表於《南瀛佛教》的〈本島佛教振興
　　　　策〉，《南瀛佛教》第 13 卷第 1 號（1935 年 1 月 1 日），頁 27。以及一些流傳
　　　　徒眾間的詩草，舉如釋慈妙：〈有情回首〉，收入釋淨明主編：《眼淨和尚圓寂
　　　　二十五週年紀念集》，頁 94～98，不著撰人：〈眼淨和尚親題對聯〉，收入釋淨
　　　　明主編：《眼淨和尚圓寂二十五週年紀念集》，頁 108～113 所收錄詩文。除此
　　　　之外，據釋淨明：〈編後語〉，收入釋淨明主編：《眼淨和尚圓寂二十五週年紀
　　　　念集》所言，並無專著傳世，頁 115。
〔註50〕釋自憲：《臺南府城竹溪寺傳承發展史之研究》，頁 101。
〔註51〕釋淨明：〈編後語〉，收入釋淨明主編：《眼淨和尚圓寂二十五週年紀念集》，
　　　　頁 115。

在作務中度過，寺院並沒有特別安排佛學教學，對於佛法義理都是自修自學，如有問題才去請教住持，或是透過就讀其他佛學院來養成佛學涵養。雖然寺中設有禪堂，但無禪師常駐，寺中也無特別舉辦禪七，僅提供欲坐禪的寺眾使用而已。這種僧家生活就慶定所經歷，從眼淨和尚任住持時即如此，並且眼淨當時事務眾多、極為繁忙，更無暇親自詳教弟子各種佛教修行或佛學思想。〔註52〕

竹溪寺釋資定也表示，竹溪寺是作風傳統的佛寺，以作務生活為主，兼有為喪家齋主辦理經懺，從眼淨和尚以來的寺風大致如此。資定坦言鄰近的開元寺、法華寺、靜修院等寺也是這種作務兼趕經懺的生活。因此，直到資定陞座住持後，仍在思考何謂竹溪寺的宗風？何謂竹溪寺的禪法宗旨？長期以來這些攸關竹溪寺法脈宗風的實質內涵尚無被置於寺院發展的重點，故如何形塑竹溪寺的禪風便成為近年資定不斷思考的重點。〔註53〕

由此，可見竹溪寺長久以來仍未發展出屬於自身宗脈的法門特質或思想內涵，也無安排完整的佛法教學。這有其當時的時空背景，無須妄做評判。眼淨雖曾辦佛學院，然對外界開放，非供竹溪寺眾進修，並且該佛學院僅有女眾，規模很小。〔註54〕

釋自憲根據1962年的《竹溪佛學書院志願書及保證書》中，統計第1屆佛學院共36人。〔註55〕釋敬定回憶當時開辦佛學院共有50餘位學生。雖資料與各人回憶有所落差，然可推知當時約有30至50餘位院生就讀。〔註56〕而後由於住持眼淨圓寂，復以竹溪寺經濟拮据的狀況下中斷了佛學院的興辦。無論如何，可以知曉悟光在竹溪寺主要是在處理寺務，兼理佛學院之興辦的忙碌過程中度過。

筆者原本期待從討論悟光竹溪寺生涯的過程中釐清悟光在竹溪寺的佛法學習，是如何積累此階段的思想與修行，然從悟光的竹溪生涯記載與竹溪寺訪談的口述資料觀察卻幾乎不見在竹溪寺系統內的佛學修習，也不見眼淨對於悟光的佛法教學，卻意外發現悟光在竹溪寺時期，從眼淨身上所經

〔註52〕2017年4月6日訪問臺南市法藏講堂釋慶定。
〔註53〕2017年4月7日訪問臺南市竹溪禪寺釋資定。
〔註54〕2017年4月6日訪問臺南市法藏講堂釋慶定。
〔註55〕釋自憲：《臺南府城竹溪寺傳承發展史之研究》，頁106。
〔註56〕釋敬定：〈感恩與懷念〉，收入釋淨明主編：《眼淨和尚圓寂二十五週年紀念集》，頁83。

歷最多可能就是行政人事的磨練。對於眼淨行政經驗豐沛而影響弟子行事的觀點，悟光的法兄釋菩妙（1921～2009）曾經長期協助眼淨推動行政工作，亦有類似的心得，可為悟光在竹溪磨練行政經歷的過程做一中肯的註解，載言：

> 我每天觀看眼淨師伯面對僧團的人事，如何的應對進退，多少在那個時期已奠下了為人處世的理念。這些對日後我在處理元亨寺法務時，不可謂助益不大。〔註57〕

　　對於悟光而言，眼淨與悟光的關係主要應是建立在行政事務的合作之上，對於佛教法義的學習，可能較少。從悟光竹溪寺時期的學習經歷，見到悟光經常思索如何尋找自修或另求師法的機會，這在「初閉禪關三個月」與「兼從貢噶學習藏密」的階段便顯示出悟光竹溪寺時期追尋修行的心境。

四、初閉禪關三個月

　　悟光原本抱持著待在「竹溪寺可能會受到（眼淨）和尚的指點學禪」，〔註58〕然出家後的行政職務佔據悟光的出家生活，令悟光疲於奔命，這與當初為修道而出家的目標不同。故精求深法、實修證心的境界遲遲無法體會。對於道業無法精進、趣入佛法的不得要領，並且自身五蘊熾盛、律儀未圓、心地難淨，悟光頗為苦惱。自云：

> 在靜坐中要去覓心，根本無法把握，心更煩，雜念更多，一直熬了十幾年，在演講佛教的時都無法將心的問題提供大眾，只是講講行善的範圍而已，雖然口能說得津津樂道，可是我的心都違背言說，壞的思想念頭源源湧出，無能自拔，有時就追憶過去要出家的情況，再勉強壓下念頭，這種心理上的矛盾，變成二重人格，表面非常神聖，但心底下隱藏了無限的俗氣。〔註59〕

悟光坦白地自述初出家時，心地不能自主的無限煎熬。然而，這並非完全是悟光的問題，悟光在出家之前，對於佛法，仍然處於一知半解的狀態，在此之前，求仙練術，全非佛教路數，經禪師點撥，方轉向佛法。1955 年悟光才

〔註57〕釋會忍、卓遵宏、侯坤宏：《菩妙老和尚訪談錄》（臺北：國史館，2009 年），頁48～49。
〔註58〕釋悟光：〈滄桑回憶錄〉，釋悟光手稿。
〔註59〕釋悟光：〈滄桑回憶錄〉，釋悟光手稿。

到達臺南竹溪寺，1957 年即出家，當時的竹溪寺，雖有「佛學書院」，〔註60〕為眼淨培育佛教人才的單位，然在悟光的回憶錄與其他傳史中卻無見到關於進入佛學院學習的經歷。如果不是傳記敘寫的筆漏，那麼就可能由於悟光接觸竹溪寺伊始，是受眼淨之邀，至竹溪任職書記與整理寺務，擔當了繁重的行政職責，故不能進入佛學院就讀，當專職的學生。眼淨當時推行各種佛教事業，急需人手，極力勸說悟光留在竹溪寺。〔註61〕是否因此而留下悟光任職行政，而非讓其就讀學院？質疑之際，得見釋自憲《臺南府城竹溪寺傳承發展史之研究》〔註62〕所載「竹溪佛學書院課程表」一禎，表訂「印度佛教史」一門課程由「全妙法師」擔任教師。〔註63〕至此可以確知，悟光在竹溪寺開辦佛教學院之時，已被聘為學院教師。慶定亦言當時佛學院僅開放外界就讀，〔註64〕故知悟光自無再為學生之可能。

　　悟光對於自己出家的決定，也覺得似有千斤重擔，唯恐荒廢道業，「會違背初衷，亦會被人貽笑，有什麼面子見妻子與朋友呢！」〔註65〕悟光是拋家棄子而出家，其自忖若是學佛沒有成果，甚至又還俗的話，則背離自己求法的初心。多年的道業未精，因而惶恐萬分。左思右想，最後決定「閉關」一途方能專修佛法，得一入處。1959 年底，悟光先向其師眼淨告假，在竹溪寺東邊竹林下建築一間關房，名為「竹溪草廬」。〔註66〕這次的閉關特別在禪宗方面的修學下功夫，悟光「將大藏經中的禪宗語錄全部借下來，半小時看語錄，半小時打坐」，〔註67〕然而眼淨常到關房探視，關心悟光的閉關狀況。而後悟光對於關房的環境不甚滿意，〔註68〕欲求入山修行，眼淨回應：「未明心

〔註60〕闞正宗等著：《物華天寶話開元——臺南市二級古蹟開元寺文物精華》，頁154。

〔註61〕2016 年 8 月 27 日訪問五智山光明王寺釋徹定。

〔註62〕釋自憲：《臺南府城竹溪寺傳承發展史之研究》（新竹：玄奘大學宗教學系碩士論文，2012 年）。

〔註63〕釋自憲：《臺南府城竹溪寺傳承發展史之研究》，頁 105。

〔註64〕2017 年 4 月 6 日訪問臺南市法藏講堂釋慶定。

〔註65〕釋悟光：〈滄桑回憶錄〉，釋悟光手稿。

〔註66〕「竹溪草廬」後更名「一真蘭若」，後又更名「妙明精舍」。釋資定曾在悟光生前告知悟光，未來竹溪寺重建時會拆除該精舍，悟光同意。2000 年後竹溪寺開始重建工程，妙明精舍拆除。有關資料可詳見釋悟光：〈湧泉老人講古——牛蛙作怪〉，《遍照之光》（1990 年 8 月 15 日），第 2 版；2017 年 4 月 7 日訪問臺南市竹溪禪寺釋資定。

〔註67〕釋悟光：〈滄桑回憶錄〉，釋悟光手稿。

〔註68〕對於在竹溪寺近側掩關，據悟光回憶，曾經由於寺旁牛蛙鳴聲大作，寺方誤

地不入山」，[註69]並不同意貿然住山，悟光只好續住原來關房。

【圖3-1-8】悟光1972年返臺後與竹溪寺關房合影

資料來源：筆者攝於五智山光明王寺典藏之相冊。
翻攝日期：2017年4月26日。

以為悟光在關房旁開水井打傷龍脈所致，而後經過幾次大雨，牛蛙遷徙，此事告一段落。而後悟光整理關房環境，復將關房附近園地鑿池建橋、種花蒔草，因此環境變得優美，吸引眾多遊客前來觀光，故悟光關房原本的寧靜也受到不少干擾。有關情形可詳見釋悟光：〈湧泉老人講古——牛蛙作怪〉，《遍照之光》（1990年8月15日），第2版。

[註69] 當代中國佛教文化對於閉關有類似的俗語，不知源流何處。然禪宗六祖慧能（638～713）弟子釋玄覺（665～712）的《永嘉錄》有類似語句，其云：「先須識道後乃居山，若未識道而先居山者：但見其山，必忘其道。若未居山而先識道者：但見其道，必忘其山。忘山則道性怡神，忘道則山形眩目。是以見道忘山者，人間亦寂也。見山忘道者，山中乃喧也。」詳見〔唐〕釋玄覺：《永嘉集》，收入《大正藏》第48冊（東京：大藏經刊行會，1924～1935年），頁394。而當代僧人釋真華（1922～2012）曾提道：「在大陸的時候嘗聽老修行們說：『不破初關不住山，不透重關不閉關。』」應是與眼淨所言類似的概念。關於釋真華所語，詳見釋真華：《參學瑣談》（臺北：天華出版，1984年），頁127。

【圖 3-1-9】1985 年悟光與信眾合影於竹溪寺關房的小花園

資料來源：筆者攝於五智山光明王寺典藏之相冊。
翻攝日期：2017 年 4 月 26 日。

【圖 3-1-10】關房原座落於樹林之間，2000 年後關房業已拆除

資料來源：筆者攝於臺南市竹溪禪寺。翻攝日期：2017 年 5 月 1 日。

　　眼淨所顧慮的層面並非偶然，如果盲修瞎練，不但空忙一場，還有誤入
歧途的危險。曾經有六載閉關經驗的當代僧侶釋聖嚴曾云：

　　進關之後，若不知修行的方法，也不懂深入經藏的門徑，那麼雖然
　　閉關三年、五載，還是不可能有所成就。如為禪修及閱藏，也得已
　　經有了禪修工夫的基礎，或已經摸到了進入經藏的門徑才可，否則

也不會有多大的成就。〔註70〕

另一位亦以閉關聞名的當代僧侶釋妙蓮（1922～2008）曾於香港掩關二十載，也自述閉關應具足各種因緣條件方能圓滿。釋妙蓮云：

> 想長時閉關，要看看因緣是否具足；……，還要看你有沒有福報、能否閉得住。……。也要知道怎麼用功才可以閉關，如果不會用功而閉關，不但功夫用不成，反搞成著魔，那就糟糕了。〔註71〕

閉關未得成就事小，修行偏差事大，悟光對於眼淨常來關照，認爲應是師父怕他走火入魔。〔註72〕因此眼淨憂心的應如前述「反搞成著魔」，故留住悟光在近側掩關爲宜。然悟光在竹溪寺附近閉關的時間並不長久，方約三個月就出關，〔註73〕在竹溪寺的閉關因緣就此結束，悟光在竹溪寺習學禪法的過程，入關三個月應該是其最長的專修時間，悟光並沒有在回憶錄著墨這短暫的閉關有何收穫，其他傳史亦無記載，應是短暫的閉關，無甚心得。據悟光法嗣徹定所言悟光初期的閉關其實修行不得力、障礙不少，〔註74〕若對比往後悟光六龜閉關與赴日學密的歷程，此時所學應可謂蒼海一粟而已。

第二節　兼從貢噶學習藏密（1960～1968）

一、迎請貢噶始末及共修參與

悟光在竹溪寺旁閉關的時間方三個月餘，就受到信眾的打擾。因此出關，悟光的出關，實非自願，是由於信眾欲迎請藏密上師南下弘法，卻苦無道場商借，因此登門請託。悟光云：

> 一位在家師兄文教組及幾位朋友，忽然來訪，他們說有一位來自大陸的金剛上師，叫貢噶老人，……，要來臺南傳藏密，在臺南地方借了很多場所都不肯借他傳法，……，一概都認爲藏密是外道，所以前來託我將竹溪寺借給他傳法。我亦很感爲難，由他們百般拜託之下，我就破關出來幫忙。〔註75〕

〔註70〕釋聖嚴：《學佛群疑》，收入《法鼓全集》（臺北：法鼓文化，1999年），頁194。
〔註71〕釋妙蓮：《往生有分　第二集》（南投：臺灣靈巖山寺，2012年），頁283～284。
〔註72〕釋悟光：〈滄桑回憶錄〉，釋悟光手稿。
〔註73〕釋悟光：〈滄桑回憶錄〉，釋悟光手稿。
〔註74〕2016年8月27日訪問五智山光明王寺釋徹定。
〔註75〕釋悟光：〈滄桑回憶錄〉，釋悟光手稿。

　　早期來臺的藏傳佛教僧侶並不多見，1949 年隨同國府來臺的藏傳佛教領袖伊始只有內蒙古格魯派的第 19 世章嘉（1890～1957）與第 17 世甘珠爾瓦（1914～1978）兩位呼圖克圖。〔註76〕之後，寧瑪派的法賢（1883～1973）〔註77〕與華藏（1906～1979）〔註78〕兩位藏傳的上師分別於 1952 年、1958 年到達臺灣。〔註79〕噶舉派的貢噶（1903～1997）亦於 1958 年抵臺。〔註80〕然而貢噶較為特別，在早期藏密普遍流傳於臺灣北部的情況下，就已經跨越地域限制，到達南部弘法。〔註81〕

　　貢噶是藏傳佛教噶舉派下貢噶系的上師，俗名申書文，法名卻住頓拍。曾依民國名僧釋太虛皈依三寶，1938 年入漢藏教理院就讀，1940 年進入康藏地區。後經當時西康省交通局長邵福宸（生卒年不詳）介紹至貢噶山皈依貢噶仁波切（？～1958），〔註82〕後獲授四灌頂一切大法，並至貢噶山閉關三年，1945 年出關。1957 年接法其師貢噶仁波切之傳承，嫡傳衣缽，亦錫以嘉號「貢噶」。得授傳承後弘法於大陸，曾傳法數百弟子，素有名望。〔註83〕

　　由此可知，貢噶在大陸時已是修持有素的上師，並曾跟隨其師貢噶仁波切弘法，自己亦灌頂數百位弟子，是故在大陸時已有名氣。來臺後，伊始駐錫臺北，而後由於莫正熹與童炳清兩位居士長年護持佛教，並時常來往於臺南佛教會，因此得知貢噶是知名的藏密上師，正在臺北弘法。於是 1960 年透過時任臺南佛教會理事長的顏興，以及顏興的友人黃天爵北上邀請貢噶南下弘法，〔註84〕故幾位佛教界居士風聞其名，〔註85〕聘請貢噶南下傳法。

〔註76〕「呼圖克圖」是清廷及國民政府敕封藏傳佛教系統喇嘛的階級，「呼圖克圖」是最高一階。

〔註77〕法賢，俗名屈映光，為在家身分的藏傳佛教瑜伽士。

〔註78〕華藏，俗名吳潤江，為在家身分的藏傳佛教瑜伽士。

〔註79〕黃英傑：《民國密宗年鑑》（臺北：全佛文化，1995 年），頁 147。

〔註80〕姚麗香：〈藏傳佛教在台灣發展的初步研究〉，《佛學研究中心學報》第 5 期（2000 年），頁 323～324。

〔註81〕羅娳淑〈台南重慶寺的發展歷程與南台灣藏傳佛教發展關係研究〉，《中華佛學學報》第 20 期，頁 316。

〔註82〕此位貢噶仁波切是申書文的師父，申書文貢噶與其師貢噶仁波切同名。在臺灣貢噶的道場一般稱申書文貢噶為貢噶上師或貢噶老人；稱申書文貢噶的師父為貢噶佛爺或貢噶仁波切。

〔註83〕噶瑪三乘法輪中心編譯組：〈金剛上師貢噶老人事略〉，《正法眼（一）》（臺北：財團法人噶瑪三乘法輪中心，1995 年），頁 187～193。

〔註84〕黃慧琍：《藏傳佛教在台發展初探──以台南地區的藏傳佛教團體為研究對象》（臺南：臺南師範學院鄉土文化研究所碩士論文，2000 年），頁 52～53。

【圖 3-2-1】1960 年南下弘傳藏密的貢噶

資料來源：噶瑪三乘法輪中心編譯組：《正法眼（一）》，相片頁圖 15。

在南部弘法須先解決場地問題，據筆者所見關於貢噶南下傳法的相關文獻，並無見及「為何迎請貢噶的居士們，特別到達竹溪寺請託閉關中的悟光協尋場地」一事的原由，其間亦無書信留存，無從考證來往事由。事實上，筆者考察悟光參與貢噶系藏密團體 1960～1968 年間的歷程，實地走訪臺南市竹溪寺、重慶寺、德化堂等處，透過各種管道輾轉尋訪知曉這段歷史的人士。受訪人皆不約而同表示 1960～1968 年間貢噶南下弘法的年代久遠、有關歷史或有耆老曾口耳相傳，然詳細過程已然模糊，亦無法知曉當事人現在何方。〔註 86〕如重慶寺資深執事胡憲章、郭漢忠、吳芳齡，資深信徒郭昭文云及，貢噶抵達重慶寺（1969）前的歷程曲折輾轉，相關事蹟宛如斷簡殘篇，

〔註85〕羅娓淑：〈台南重慶寺的發展歷程與南台灣藏傳佛教發展關係研究〉，《中華佛學學報》第 20 期，頁 316～317。

〔註86〕2017 年 4 月 6 日訪問臺南市法藏講堂釋慶定；2017 年 4 月 7 日訪問臺南市竹溪禪寺釋資定；2017 年 4 月 7 日訪問臺南市重慶寺郭漢忠；2017 年 4 月 11 日訪問臺南市重慶寺吳芳齡；2017 年 4 月 11 日訪問臺南市重慶寺李儀嬋；2017 年 4 月 11 日訪問臺南市重慶寺郭昭文；2017 年 4 月 19 日訪問臺南市祀典興濟宮鄭凱銘；2017 年 4 月 20 日訪問臺南市德化堂蓮姑；2017 年 4 月 24 日訪問臺南市德化堂鄭偉聲；2017 年 5 月 1 日訪問臺南市德化堂童大眞。

尤其許多當事人已然辭世，史事難以考證，僅能就曾聞耆老講述的記憶回溯當時。陷入瓶頸之際，筆者透過臺南市「臺疆祖廟大觀音亭暨祀典興濟宮」管理委員會文教組引薦，終得獲訪親身經歷 1960～1968 年間貢噶弘法的資深信徒，祀典興濟宮耆老鄭凱銘。然鄭凱銘對此歷程的詳細互動亦無法確曉，僅知當時確有多位臺南耆老聯合迎請，悟光亦在其列。〔註 87〕據資定所云，悟光在竹溪寺時交遊廣闊，亦為協助眼淨處理行政的主要弟子之一。〔註 88〕鄭凱銘亦言悟光當時在臺南佛教界很有名，人脈很好。〔註 89〕筆者尚透過臺南市中醫師鄭清海轉介，訪問曾經歷貢噶轉借德化堂時期的德化堂管委會退休主委鄭偉聲，鄭氏亦言悟光平易近人，待人處事親切隨和，人際關係良好。〔註 90〕據此或可考量是否因而吸引信徒來寺請託。

　　重慶寺官方的貢噶傳記文集──《白雲間的傳奇》所收錄數篇文章也記錄貢噶是應悟光等人之請，來南弘法。舉如吳長濤、陳作涵撰於 1961 年的〈雪山修行記〉云：「四十九年秋應台南竹溪寺全妙法師之請，在台南弘法十餘日。」〔註 91〕王世成寫於 1975 年的〈金剛上師　貢噶老人傳略〉載：「民國四十九年秋，上師應台南竹溪寺全妙法師、童炳清等之請，至台南弘法十餘日。」〔註 92〕以及錄於書中的〈貢噶老人年譜〉亦載：「1960 四九年 58（歲）秋，應台南竹溪寺全妙法師之請在台南弘法。」〔註 93〕可知悟光與貢噶來南有所關係。之後悟光借用竹溪寺尚未蓋好的佛學院教室與學生宿舍為場地，提供傳法之用。〔註 94〕至於羅娓淑〈台南重慶寺的發展歷程與南臺灣藏傳佛教發展關係研究〉中論述貢噶初到臺南弘法所經歷的狀況則有略微不同的描述。其云：

　　　　民國四十九年（1960），當時在台南佛教界頗負名望的莫正熹老居
　　　　士，因風聞貢噶老人的高深道行，便透過人脈良好的黃天爵和童炳

〔註 87〕2017 年 4 月 19 日訪問臺南市祀典興濟宮鄭凱銘。

〔註 88〕2017 年 4 月 7 日訪問臺南市竹溪禪寺釋資定。

〔註 89〕2017 年 4 月 19 日訪問臺南市祀典興濟宮鄭凱銘。

〔註 90〕2017 年 4 月 24 日訪問臺南市德化堂鄭偉聲。

〔註 91〕吳長濤、陳作涵：〈雪山修行記〉，收入龍昭宇主編：《白雲間的傳奇　貢噶老人雪山修行記》（新北：財團法人噶瑪三乘法輪中心，2002 年），頁 111。

〔註 92〕王世成：〈金剛上師　貢噶老人傳略〉，收入龍昭宇主編：《白雲間的傳奇　貢噶老人雪山修行記》，頁 90～91。

〔註 93〕不著撰人：〈貢噶老人年譜〉，收入龍昭宇主編：《白雲間的傳奇　貢噶老人雪山修行記》，頁 179。

〔註 94〕釋悟光：〈滄桑回憶錄〉，釋悟光手稿。

清等人出面邀約貢噶老人南下傳法，並與全妙法師等人商借竹溪寺，爾後便在竹溪寺傳法十日。〔註95〕

莫正熹（1899～1986），著有《楞嚴淺釋》、《見性成佛》、《驚奇集》等書。曾爲重慶寺整理貢噶口傳儀軌，現重慶寺共修法本即以莫氏之版本爲基準。〔註96〕黃天爵與童炳清已逝世。〔註97〕兩人並無著作傳世。黃天爵家境頗豐、爲人風趣，是共同迎請貢噶的人士之一。〔註98〕而童氏被重慶寺資深信眾視爲早期帶領共修的重要人物。郭漢忠與鄭凱銘表示，童炳清是貢噶灌頂的阿闍梨，爲貢噶在臺南的大弟子，代理貢噶領導共修。〔註99〕童氏的大弟子身分，則是重慶寺信眾與鄭凱銘同聲云及的，可以確定童炳清的重要性。〔註100〕

【圖 3-2-2】協助貢噶弘法的童炳清

資料來源：貢噶弟子童大眞提供。提供日期：2017 年 5 月 8 日。

〔註95〕羅娓淑〈台南重慶寺的發展歷程與南台灣藏傳佛教發展關係研究〉，《中華佛學學報》第 20 期，頁 316～317。

〔註96〕2017 年 4 月 11 日訪問臺南市重慶寺吳芳齡。

〔註97〕2017 年 4 月 7 日訪問臺南市重慶寺吳芳齡。

〔註98〕2017 年 4 月 19 日訪問臺南市祀典興濟宮鄭凱銘。

〔註99〕2017 年 4 月 19 日訪問臺南市祀典興濟宮鄭凱銘；2017 年 4 月 7 日訪問臺南市重慶寺郭漢忠。

〔註100〕2017 年 4 月 7 日訪問臺南市重慶寺郭漢忠；2017 年 4 月 11 日訪問臺南市重慶寺吳芳齡；2017 年 4 月 11 日訪問臺南市重慶寺郭昭文；2017 年 4 月 19 日訪問臺南市祀典興濟宮鄭凱銘。

　　羅娓淑引文中的悟光當時協尋場地提供藏傳佛教的貢噶弘法，而非直接的邀請，與悟光的回憶較爲接近。無論透過口述或文獻的梳理，仍無法確指究竟悟光是直接邀請貢噶或是協尋場地而已，但能了解悟光確有參與早期貢噶南下的歷程。

　　由於伊始「臺南佛教界認爲藏傳佛教是外道，包括開元寺、法華寺、湛然精舍等道場皆不願意提供場地」，因此才找上悟光幫忙。〔註101〕悟光商借竹溪寺提供傳法，貢噶在臺南的行程於焉展開。

　　這是臺南佛教界首次的藏密弘法，貢噶的傳法長達十餘日，規模備受矚目，二百餘信徒從南部各縣市等地遠道而來皈依，〔註102〕盛況空前，往後陸續幾次弘法亦吸引眾多信徒的關注，是爲開啓南部藏密弘法之關鍵。〔註103〕

【圖 3-2-3】1960 年貢噶弘法臺南與信眾合影留念

資料來源：貢噶弟子童大眞提供。提供日期：2017 年 5 月 8 日。

〔註101〕釋悟光：〈滄桑回憶錄〉，釋悟光手稿。
〔註102〕噶瑪三乘法輪中心編譯組：〈金剛上師貢噶老人事略〉，《正法眼（一）》（臺北：財團法人噶瑪三乘法輪中心，1995 年），頁 195。
〔註103〕臺南市噶瑪噶居法輪中心董事會：〈台南安平貢噶寺興建緣起〉，《貢噶寺興建紀念專刊》（臺南：貢噶寺，1992 年），頁 1～2；吳長濤、陳作涵述，李貴榮撰，〈金剛上師貢噶老人事略〉，《貢噶寺興建紀念專刊》，頁 3～5。

　　貢噶在臺南的傳法效果甚佳，是否因此吸引悟光不得而知，然而悟光在之前的閉關不得修行要領卻是事實。出關後，悟光除協助外，自身亦加入受法灌頂的行列。〔註104〕悟光自言，對此次傳法很感興趣，遂改途學習藏密。〔註105〕

　　當時因此學習藏密的信徒不少，除貢噶原先率領的吳長濤、王世成、楊秀鶴、劉鳳悟等六位居士之外，臺南參加灌頂的信徒高達百餘位，〔註106〕而後因需長期共修的道場，故再轉借大觀音亭、德化堂作爲平時修法的場所。鄭凱銘回憶，貢噶後借用大觀音亭共修，童炳清與悟光會協助領眾，前後約三年之久，之後轉往德化堂。郭昭文回憶，當時童炳清與悟光晚上也都會在德化堂參與共修法會。鄭偉聲則言由於童炳清時任德化堂常務監察委員，故向住持治姑洽借場地。貢噶的團體在德化堂共修時，悟光確有參與。〔註107〕由於四處輾轉，貢噶只能不定期南下說法，〔註108〕並且因貢噶所屬的藏傳佛教文化與漢傳佛教文化的扞格，也造成當時洽借場地的困難。

　　當時較受爭議的情形是貢噶一派須以牛肉乾與酒供養護法「馬頭明王」。〔註109〕馬頭明王是貢噶修法的本尊「紅觀音」的護法，依照藏傳佛教之儀軌，以酒肉供養護法是常見的文化。但這樣的傳統與顯教的戒律頗相抵觸，然貢噶一系的門人並無入鄉隨俗之意，仍舊依循原來儀軌行事。由於藏密的思想與文化的傳統，儀軌的更改對於藏密系統的弟子並非易事。就基本的皈依體系來論，即可窺見漢傳的顯教系統與藏傳佛教系統的差異。漢傳佛教的顯教系統是採用三皈依，〔註110〕而藏傳佛教有所謂的四皈依或六皈依，在原有的

〔註104〕釋悟光：〈滄桑回憶錄〉，釋悟光手稿。

〔註105〕釋悟光：〈滄桑回憶錄〉，釋悟光手稿。

〔註106〕據現存名單，參與灌頂的信徒有「顏興、童炳清、陳卓凡、莫正熹、鄭淵泉、吳妙仁、原聖莊、金建勛、郭如男、蔣松莊、楊樹梅、全妙師、片淨師、覺妙師、眞妙師、大定師、王頌仁、黃國耀、黃譽韓、顏萬清、黃施主、吳漢崑、周志宏、伍篤如、朱紹書、姚天造、王瑞琴、許穆宗、陳蔡亨、林仲釗、李伯川、連景初、江家錦、羅中平、王倩綺、林齊炎、周淵、黃耀德、董正權、羅伯鴻、宋復九，楊青黎、伍新畬、羅乃秋、楊桂成、吳鵬翔、馮文德、高性雄、黃天爵等」，詳見臺南市噶瑪噶居法輪中心董事會：〈台南安平貢噶寺興建緣起〉，《貢噶寺興建紀念專刊》，頁1～2。

〔註107〕2017年4月24日訪問臺南市德化堂鄭偉聲。

〔註108〕羅娓淑〈台南重慶寺的發展歷程與南台灣藏傳佛教發展關係研究〉，《中華佛學學報》第20期，頁317～318。

〔註109〕黃慧琍：《藏傳佛教在台發展初探——以台南地區的藏傳佛教團體爲研究對象》，頁52。

〔註110〕皈依三寶是成爲正式佛教徒的入門儀式，釋聖嚴對於「皈依三寶」有如下解

三皈依的基礎之上，加上「上師」成為四皈依，復加上「本尊」、「護法」則成為六皈依。〔註111〕其中「上師」、「本尊」、「護法」有三根本之稱，在藏傳佛教特被高舉。由於「上師是加持根本，本尊是成就根本，護法是事業根本」，〔註112〕此三者在藏密行者的修行過程中扮演非常重要之角色，可見藏密視此三者為修行之要髓，並且有諸種傳承的密乘戒律必須嚴守，〔註113〕以維護修行者與三根本密切的關係。因此在藏傳佛教的傳統上，有關上師、本尊、護法的有關思想與儀軌不可輕易改換是可以理解的事實。然而，在臺南佛教界對於藏傳佛教文化不了解與該派藏密弟子仍遵循該派傳統的情形下，讓「當時臺南的佛教界對貢噶老人的法脈產生不小的負面批評。……。有人甚至質疑貢噶老人所傳並非正信佛教，部分信徒亦因之流失」，〔註114〕因此，貢噶傳法的場地一再更改，也是由於傳統佛教、齋教道場對於貢噶一系有所質疑不願意繼續提供弘法的場所之故。〔註115〕對此，鄭偉聲、郭昭文與吳芳齡亦談及，貢噶曾在德化堂弘法，堂內齋姑無法接受以酒肉供養護法的儀式，甚至認為此非正派。〔註116〕

　　承前所述，可以感受到悟光在貢噶於臺南弘法的過程中盡心協助，也參

釋「信佛的第一個條件，便是對於佛陀的敬仰和皈信，佛經中稱為「皈依佛陀」。……對於佛陀的教法，也當皈信，名為『皈依達磨』。達磨（dharma）即是佛陀的教法，嘗被漢譯為軌持和軌則等。……對傳持佛法的人，亦宜恭敬如同佛法，此名為『皈依僧伽』。僧伽（saṃgha），意譯為和合眾，即是以佛陀的教法為軌範，意見相同、利益均等、生活相同，身、口、意的行為方面，也均和睦相處的人們。主要是指出家的佛弟子們。以上三項，加起來名為『三皈依』，亦名『皈依三寶』」詳見釋聖嚴：《佛教入門》，收入《法鼓全集》（臺北：法鼓文化，1999年），頁74。

〔註111〕諾那華藏精舍編輯室：《初機學佛必備基本知見》（臺北：諾那華藏精舍，1995年），頁52～53。

〔註112〕諾那華藏精舍編輯室：《初機學佛必備基本知見》，頁53。

〔註113〕例如有十四根本大戒等密乘戒律，對於修習藏密有諸種規範以維護行者身心清淨。有關諸戒之內容可詳見賴富本宏：《密教仏の研究》（京都：法藏館，1990年），頁448；藤田光寬：《はじめて「密教の戒律」入門》（東京：セルバ出版，2013年），頁123。

〔註114〕相關情況可詳見黃慧琍：《藏傳佛教在台發展初探——以台南地區的藏傳佛教團體為研究對象》，頁 52～53；羅娓淑〈台南重慶寺的發展歷程與南台灣藏傳佛教發展關係研究〉，《中華佛學學報》第20期，頁318。

〔註115〕羅娓淑：〈台南重慶寺的發展歷程與南台灣藏傳佛教發展關係研究〉，《中華佛學學報》第20期，頁317。

〔註116〕2017年4月24日訪問臺南市德化堂鄭偉聲；2017年4月11日訪問臺南市重慶寺郭昭文；2017年4月11日訪問臺南市重慶寺吳芳齡。

與修法。故對於前述貢噶南下的傳法過程與臺南佛教界的各種輿論應該十分清楚。

　　關於 1960～1968 年間貢噶仍輾轉在大觀音亭、德化堂等處的共修領眾人士，僅見悟光於〈滄桑回憶錄〉云：「上師前來傳法時由我作事業金剛，普通共修時均由我領導。」〔註117〕另徽定亦回憶悟光修持藏法曾有相應、領導共修。〔註118〕鄭凱銘亦言在大觀音亭時，悟光確有領眾共修，童炳清亦偕同領眾。〔註119〕鄭凱銘、鄭偉聲與吳芳齡皆表示，1960～1968 年間協助貢噶在臺南弘法的主要人士就是童炳清與悟光。〔註120〕究其歷程的大致脈絡，亦可看出悟光確是早期參與貢噶弘法重要人士。〔註121〕

二、貢噶系道場的修行氛圍

　　接觸藏密的另一重點，即是悟光觸及貢噶一系的修習氛圍與法門內容。悟光數年以後掩關六龜，在密教傳統的選擇上就更趨向東密，出關後即赴日求法。本段修學歷程是在悟光的傳記或回憶錄中唯一較為完整的藏密修行紀錄，日後悟光對於密教系統的抉擇，也應與這段藏密修持的經驗不無關係。

　　關於貢噶一系的修學氛圍，需先理解其所屬法脈噶舉派的修行特質。噶舉派，藏文「 བཀའ་བརྒྱུད་」，有「口傳」之義。〔註122〕特別著重實修密法，師徒口傳授受。〔註123〕14 世紀的西藏史籍《紅史》也載噶舉祖師德洛巴（約 9世紀）、那洛巴（約 10 世紀）、馬爾巴（1012～1097）、密勒日巴（1040～1123）等傳承各種密法與實修的紀錄。〔註124〕學者黃英傑被認證為轉世仁波切巴麥欽哲，熟稔藏密四大派修法。黃氏亦云：「此派（噶舉派）特重實踐、修行。」〔註125〕

　　噶舉派下的貢噶系，也承傳此種特色。貢噶曾述師父囑咐弘法時的態

〔註117〕釋悟光：〈滄桑回憶錄〉，釋悟光手稿。
〔註118〕2016 年 8 月 27 日訪問五智山光明王寺釋徽定。
〔註119〕2017 年 4 月 19 日訪問臺南市祀典興濟宮鄭凱銘。
〔註120〕2017 年 4 月 11 日訪問臺南市重慶寺吳芳齡；2017 年 4 月 19 日訪問臺南市祀典興濟宮鄭凱銘；2017 年 4 月 24 日訪問臺南市德化堂鄭偉聲。
〔註121〕2017 年 4 月 11 日訪問臺南市重慶寺郭昭文。
〔註122〕舟光榮：《中國藏傳佛教史》（臺北：文津出版社，1996 年），頁 81。
〔註123〕王森：《西藏佛教發展史略》（北京：中國社會科學出版社，1997 年），頁 108。
〔註124〕〔西藏〕蔡巴貢噶多吉著，東嘎・洛桑赤列校注，陳慶英、周潤年譯：《紅史（烏蘭史冊）》，頁 228～234。
〔註125〕黃英傑：《民國密宗年鑑》，頁 213。

度，其云：

> 他（貢噶的師父）就跟我（貢噶）說，你（貢噶）要弘揚佛法的時
> 候，不要講高深的東西，不要說這經講那卷，他（貢噶的師父）說
> 那都是前人做下來的功德，根本沒有什麼，最要緊的是，他（信徒）
> 叩個頭皈依了，你（貢噶）要教他（信徒）知道三根本戒是什麼東
> 西。他（信徒）不犯三根本戒，都可以得解脫，不管他（信徒）是
> 個傻子、瞎子，或者是殘廢，只要能知道三根本戒，從三根本戒做
> 起，他（信徒）做一點功德，他（信徒）做多就是多，做少就是少，
> 假如你（貢噶）說的多高多深，他（信徒）根本都忘了，他（信徒）
> 說那個一樣下地獄。〔註126〕

文中的「三根本戒」在貢噶的開示集屢次出現，是指規範「身」、「口」、「意」
三業的戒律。〔註127〕貢噶的師父特囑必須重視「皈依」、「持戒」、「做功德」
等實踐層面，而非「說這經講那卷」鑽研典籍。貢噶還特別強調：「我都說的
話都是有根據的，這都是貢噶佛爺（貢噶的師父）每天講的。」〔註128〕表明
這種重視實踐的氛圍從祖上即是如此。鄭凱銘云及本派（貢噶系）就是重視
實修，團體共修時主要依照儀軌修誦，並無經典研習。〔註129〕另吳芳齡、郭
昭文、鄭凱銘亦表示，共修時就是實修法門，領眾者也幾乎沒有開示。〔註130〕
即使落腳重慶寺（1969）後的共修，至今仍如此，〔註131〕顯示其實修為主的
環境。

　　至於修行法門的內容，據悟光自述，當時（1960～1968）共修的內容頗
為豐富「每個月星期日共修頗瓦法，其他如四臂觀音法、長壽法、大白傘蓋
法、白財神法、馬頭明王法等等的簡修法」，〔註132〕其中共修最頻繁者為頗瓦
法。該法是貢噶所持法門中，行修最為獨到者，「僅一天，即可開頂。非如其

〔註126〕貢噶述，童麗舟、陳錦德、張簡敬修整理：《自性光明——金剛上師貢噶老人
　　　　開示錄》（新北：財團法人噶瑪三乘法輪中心，1995年），頁12～13。

〔註127〕貢噶述，童麗舟、陳錦德、張簡敬修整理：《自性光明——金剛上師貢噶老人
　　　　開示錄》，頁50～51。

〔註128〕貢噶述，童麗舟、陳錦德、張簡敬修整理：《自性光明——金剛上師貢噶老人
　　　　開示錄》（新北：財團法人噶瑪三乘法輪中心，1995年），頁12。

〔註129〕2017年4月19日訪問臺南市祀典興濟宮鄭凱銘。

〔註130〕2017年4月11日訪問臺南市重慶寺吳芳齡；2017年4月11日訪問臺南市重
　　　　慶寺郭昭文；2017年4月19日臺南市祀典興濟宮鄭凱銘。

〔註131〕2017年4月11日訪問臺南市重慶寺郭昭文。

〔註132〕釋悟光：〈滄桑回憶錄〉，釋悟光手稿。

他阿闍黎須七天或廿一天，方能開頂。」〔註133〕因此求法者日眾，在臺南的共修也有定期修習，法本即名「頗瓦法」。〔註134〕頗瓦法常見於藏傳佛教，「是將意識遷移到淨土的殊勝法門」，〔註135〕關乎解脫輪迴的要事，是故在藏密特受重視。鄭凱銘曾受貢噶灌頂此法，亦不斷強調此法最終的目的即是往生淨土，顯示貢噶系的「頗瓦」與傳統藏密的修法目的相同。

噶舉派祖師那洛巴所傳「那洛六法」中的「遷識瑜伽」，俗稱「頗瓦」法，是噶舉的修行要門。此法需經灌頂，方可知其要旨。透過翻譯論著，終得見「頗瓦」的內容。噶舉祖師珀瑪迦爾波（約 17 世紀）曾著〈六成就法〉，對「頗瓦」分為三等成就。其釋：「藏名『破（頗）瓦』，有三種成就之分：最上者，轉識成法身。中等者，轉識成報身。求生者，轉識成化身。」〔註136〕再釋：「係以自心之識神，衝入根本上師心中，合而為一，往生淨土。」〔註137〕指出此法為往生淨土的要門。

寧瑪派祖師巴珠（1808～1889）所撰的著名論典《普賢上師言教》也載「頗瓦」法。其言：「求得頗瓦（往生）引導後，應反覆修練，在未出現驗相之前應精勤努力修持。……真正到了臨死之時或極為老朽年邁之際則容易依此往生。」〔註138〕並言：「願成深道頗瓦求加持。願至無上密剎求加持。願登聖地究竟法身界。」〔註139〕也顯示頗瓦法求生密剎佛土的究竟目的。

四臂觀音與馬頭明王，則是與貢噶有關的本尊與護法。貢噶在修行閉關時期，即以觀音法門為主，亦以此為修行成就。〔註140〕而馬頭明王則是觀世音菩薩的金剛化身，〔註141〕亦是屬於觀音系統的護法神祇。

〔註133〕噶瑪三乘法輪中心編譯組：〈金剛上師貢噶老人事略〉，《正法眼（一）》，頁194。
〔註134〕2017 年 4 月 19 日訪問臺南市祀典興濟宮鄭凱銘。
〔註135〕洛桑杰嘉措：《圖解西藏密宗》，頁 292。
〔註136〕〔西藏〕珀瑪迦爾波著，胡之真譯：〈六成就法〉，收入胡之真編譯：《藏密法要》（臺北：新文豐出版，1987 年），頁 171。
〔註137〕〔西藏〕珀瑪迦爾波著，胡之真譯：〈六成就法〉，收入胡之真編譯：《藏密法要》，頁 175。
〔註138〕〔西藏〕巴珠著，佐欽熙日森五明佛學院譯：《普賢上師言教》（高雄：諦聽文化，2008 年），頁 285。
〔註139〕〔西藏〕巴珠著，佐欽熙日森五明佛學院譯：《普賢上師言教》，頁 290。
〔註140〕噶瑪三乘法輪中心編譯組：〈金剛上師貢噶老人事略〉，《正法眼（一）》，頁189～192。
〔註141〕全佛編輯部：《佛教的護法神》（臺北：全佛文化，2005 年），頁 33～37。

　　長壽法則是藏傳佛教常見的消災增福的尊法，能使病魔煩惱業障消除；
〔註142〕大白傘蓋法是以「大白傘蓋佛母」為主尊的法門，具有退除障難的功
德；〔註143〕白財神亦稱「白寶藏王」，為觀世音菩薩化身的財神，能賜於眾生
財寶、功德，亦屬於觀音法門系統的財神神祇。

　　從以上悟光所簡述曾經修持的法門，得知在貢噶門下所修法門，皆有脈
絡可循，並非雜妄而修。基本上是依循著與貢噶有關的觀音系統、頗瓦法門
與藏密常見的祈攘法門三個領域為主所開展出的修法系統。

　　以上悟光所述修持法門的類別，鄭凱銘追溯大觀音亭時期即是如此。
〔註144〕重慶寺吳芳齡、郭昭文皆言，即使 1969 年貢噶駐錫重慶寺後也是如此
修持，〔註145〕維持著大致相同的規模。

　　至此可知貢噶一系的傳統以實修為主，並無佛學研修的環境。除此，重
慶寺眾亦表示早期共修的物質條件極其有限，沒有佛學研究的資源，〔註146〕
復以漢藏佛典的語言隔閡、〔註147〕密法高深不易理解等，〔註148〕種種因素都
可能拉開信徒與經教的距離。

　　悟光於 1960～1968 年間協助貢噶弘法，期間或曾領導共修，觸及氛圍則
重於實修。然而最終因緣卻無法完全具足，1968 年貢噶南下傳法，在傳授諸
種法門以後，曾經舉行「阿闍梨」灌頂。〔註149〕所謂阿闍梨，是軌範師之義，
指「對自己徒眾，從法財上給予利益的善知識」，〔註150〕具有授權指導佛法資
格的意涵。然悟光卻因當時竹溪寺事務繁忙、身兼多任，以致錯過法會，僅
童炳清獲授灌頂，悟光因此深感修學因緣未足。〔註151〕對於當時的忙碌，悟

〔註142〕〔西藏〕多覺覺達：〈長壽佛念誦法〉，《密乘法海》（臺北：文殊出版社，1986
　　　　年），頁 423～426。
〔註143〕全佛編輯部：《佛教的護法神》，頁 17～21。
〔註144〕2017 年 4 月 19 日訪問臺南市祀典興濟宮鄭凱銘。
〔註145〕2017 年 4 月 11 日訪問臺南市重慶寺吳芳齡；2017 年 4 月 11 日訪問臺南市
　　　　重慶寺郭昭文。
〔註146〕2017 年 4 月 11 日訪問臺南市重慶寺吳芳齡。
〔註147〕2017 年 4 月 11 日訪問臺南市重慶寺李儀嬋。
〔註148〕2017 年 4 月 11 日訪問臺南市重慶寺郭昭文。
〔註149〕藏傳佛教阿闍黎灌頂的內容有六種，分別為「不退灌頂、秘密灌頂、隨次灌
　　　　頂、安慰灌頂、授記灌頂、贊頌灌頂」。詳見張怡蓀主編：《藏漢大辭典》（北
　　　　京：民族出版社，1993 年），頁 3188。
〔註150〕張怡蓀主編：《藏漢大辭典》，頁 3188。
〔註151〕釋悟光：〈滄桑回憶錄〉，釋悟光手稿。

光曾言：

> 我實在太忙，（竹溪）寺裡事務冗繁，夜間還有時講經，早晨吳修齊
> 居士請我在中山公園，自五點半講至六點，連看書都沒有時間。如
> 以前往高雄傳法（藏密）的時候，早上八點就往高雄開壇，晚間回
> 到寺已經八點外，還要趕辦寺裡的事務至十二點，洗澡後上床都已
> 一點了。〔註152〕

事務繁冗的行程，連正常的生活作息都無法維持，其忙碌可見一斑。對此，
據鄭凱銘所了解，當時在大觀音亭，每隔一日就有共修，次數密集。悟光、
童炳清等人雖輪流領眾，但悟光身爲竹溪寺執事頗爲忙碌，長期而言，實
無法常住寺外團體。並且經常在外領眾共修，對於竹溪寺而言，多有不便。
〔註153〕吳芳齡亦表示曾聽聞耆老說過由於悟光感嘆錯過阿闍梨灌頂，深感修
行因緣未足，遂行離去，後轉學東密。據察當時貢噶返回臺北後旋即閉關，
三年爲期。〔註154〕三年之後，因緣如何實未可知，如再待此等灌頂的機會，
頗有遙遙無期之感。兼以寺務繁忙、分身乏術，無怪乎悟光有此感嘆。緣
此，1968年悟光遂淡出藏密道場。

三、出版《瑜伽養生術與祕密道》

　　1965、1966年，悟光出版《瑜伽養生術與祕密道》上、下冊。〔註155〕這
是悟光出版的首本著作，也是竹溪寺時期出版的唯一著作。透過此著，可以
見到悟光此時期的學思內涵。按此時間點，正是悟光竹溪寺時期學習藏密的
階段，悟光自1960年接觸貢噶系的藏密至出版著作時已六年餘。從著作所載
豐富的密教內容看來，在這漫長的時間，悟光應學習不少。該書融合瑜伽養
生、東密思想、藏密儀軌等內容而合撰爲一本專書。然該書顯然將幾種宗教
系統與養生術法的內容同放在一個架構下論述，無法明確區分各種內容的來
源，顯示悟光當時對於各個宗教系統分門別類的意識淡薄，也見其著作思想
的駁雜性。

　　《瑜伽養生術與祕密道》一書分爲兩部分，第一部分即爲上冊，是「瑜

〔註152〕釋悟光：〈滄桑回憶錄〉，釋悟光手稿。

〔註153〕2017年4月19日訪問臺南市祀典興濟宮鄭凱銘。

〔註154〕王世成：〈金剛上師　貢噶老人傳略〉，收入龍昭宇主編：《白雲間的傳奇　貢
　　　　噶老人雪山修行記》，頁90～91。

〔註155〕釋悟光：《瑜伽養生術與秘密道（上冊）》（臺南：法輪書局，1965年）；釋悟
　　　　光：《瑜伽養生術與秘密道（下冊）》（臺南：法輪書局，1966年）。

伽養生術」，敘述各種身體瑜伽或氣功導引的調攝方法，然悟光多從功法操作
而述，闕乏功法來源之說明，實難了解其養生術之取徑。第二部分即爲下冊，
是「秘密道」。其內容駁雜，亦難以詳盡分析其中思想系統的源頭。但可略分
內容有東、藏密系統。其中「秘密道的判教」一篇〔註156〕以東密釋空海（774
～835）的《秘密曼荼羅十住心論》爲密教判教，另兼述「六大緣起」、「四大
曼荼」等東密觀念，後述藏密之上師相應法等實際修持法門。

　　悟光1972年返臺後以東密法嗣身分弘法時，對於該著並不重視。〔註157〕
若觀悟光見存的著述中，確實也僅此著作表現了其思想東、藏密混合的駁雜
性。由於本書的內容過於龐雜，難以詳盡分析其每種內容的來源，僅就其東、
藏密之主構依序而述。

　　有關東密部分，悟光雖無表示其判教引自東密之著，然將其分判與釋空
海（774～835）的判教對照，幾乎完全相同。如表3-2-1《瑜伽養生術與秘密
道》與《祕密曼荼羅十住心論》判教比較表所示，即可知悉。

【表3-2-1】《瑜伽養生術與秘密道》與《祕密曼荼羅十住心論》判教
　　　　　 比較表

編號	悟光「秘密道」判教	判教屬性	空海「十住心」判教	判教屬性
1	異生羝羊心	惡業	異生羝羊心	惡業
2	愚童持齋心	人業	愚童持齋心	人業
3	嬰童無畏心	天業	嬰童無畏心	天業
4	唯蘊無我心	聲聞乘	唯蘊無我心	聲聞乘
5	拔業因種心	緣覺乘	拔業因種心	緣覺乘
6	他緣大乘心	法相宗	他緣大乘心	法相宗
7	覺心不生心	三論宗	覺心不生心	三論宗
8	如實一道無爲心	天臺宗	一道無爲心	天臺宗
9	極無自性心	華嚴宗	極無自性心	華嚴宗
10	秘密莊嚴心	密乘道	秘密莊嚴心	眞言宗

資料來源：釋悟光：《瑜伽養生術與秘密道（下冊）》，頁1～47；金山穆韶、柳田謙十郎：《眞
　　　　言密教的哲學》，東京：大法輪閣，2008年，頁45～46；〔日〕釋空海：《祕密曼
　　　　荼羅十住心論》，收入《大正藏》第77冊，頁303～304。

〔註156〕釋悟光：《瑜伽養生術與秘密道（下冊）》，頁6～46。
〔註157〕2016年11月25日訪問五智山光明王寺釋徹定。

　　兩者語彙雖略有差異，如悟光述「如實一道無爲心」比起空海增添「如實」二字。然空海在論中已釋「一道無爲住心第八。亦名如實知自心」，〔註158〕悟光亦在著中言此住心又名「如實知自心」。亦隨《祕密曼荼羅十住心論》將之歸屬天臺宗一道無爲眞如之理。另察此十心之內容，悟光全然使用了空海在《祕藏寶鑰》歸納每一住心的詩偈來結論。而《祕藏寶鑰》爲空海撰述《祕密曼荼羅十住心論》呈奉朝廷後，再奉旨精簡其要而成，亦是論述「十住心」判教的著作。

　　悟光綜述其判教內涵，亦依照凡夫、人、天聲聞、緣覺等依序論述，最終境地則指向密乘之境界，並以祕密莊嚴心收攝世出世間、顯密一切行位，整體論述的脈絡與空海的路徑相同。最終一偈總結，卻未說明出處。其云：

> 九種住心無自性，轉深轉妙皆是因。眞言密教法身說，秘密金剛最勝眞。五相五智法界體，四曼四印此心陳。刹塵勝者吾心佛，海滴金蓮亦我身。一一字門含萬象，一一器物皆現神。萬德自性輪圓足，一生得證莊嚴身。〔註159〕

據察，仍是錄自空海所著《秘藏寶鑰》之偈。〔註160〕其餘部分，舉如論至「六大緣起」、〔註161〕「理具成佛、加持成佛、顯得成佛」、〔註162〕「四大曼荼羅」〔註163〕等亦是東密常見的理論。〔註164〕

　　藏密部分，則多是涉及實際修持的法門。如著作言及「上師相應」法，其述「承受三世一切佛，密意蓮花生處師。於我勝解之迦囉，祈降加持大河流。」〔註165〕首先，僅藏密有所謂上師相應之法，藏密言四皈依，在三皈依之上，復加上「皈依上師」。如藏密祖師巴珠在《普賢上師言教》就言明「依

〔註158〕〔日〕釋空海：《祕密曼荼羅十住心論》，收入《大正藏》第77冊（東京：大藏經刊行會，1924～1935年），頁350。

〔註159〕釋悟光：《瑜伽養生術與秘密道（下冊）》，頁42～43。

〔註160〕〔日〕釋空海：《祕密曼荼羅十住心論》，收入《大正藏》第77冊，頁373。

〔註161〕釋悟光：《瑜伽養生術與秘密道（下冊）》，頁98。

〔註162〕釋悟光：《瑜伽養生術與秘密道（下冊）》，頁72～73。

〔註163〕釋悟光：《瑜伽養生術與秘密道（下冊）》，頁67～71。

〔註164〕「六大緣起」爲東密獨有的理論，可詳見呂建福：《密教論考》，頁233～248。三種「即身成佛」說則在東密處處可見，舉如〔日〕釋賴瑜：《大日經指心鈔》，收入《大正藏》第59冊，頁629；〔日〕釋嚴豪：《四度授法日記》，收入《大正藏》第77冊，頁130等處皆有述。

〔註165〕釋悟光：《瑜伽養生術與秘密道（下冊）》，頁104。

止上師」的重要性。〔註166〕而其言蓮花生，則爲藏密祖師，亦知仍與藏密有
所關係。

　　再者，該著言及「三種拙火定」、「拙火定的四喜」、「拙火定的五相」、「拙
火定的八功德」等關乎拙火的修持內容。「拙火」法門在噶舉派正是「那洛六
法」中的「拙火瑜伽」。〔註167〕耆老鄭凱銘云及，貢噶曾傳授拙火等法，是噶
舉派的重要法門。但因筆者未經灌頂，無法繼續詢問貢噶該法的具體內容。但
鄭氏表示早期學法時，悟光就已在大觀音亭協助貢噶領眾。並且悟光佛學基礎
紮實，根性穎悟，這些法門應曾獲貢噶傳授。〔註168〕雖然悟光在著中並無說
明其法師承，然當時悟光正待在藏密環境之中，應可考量貢噶系的影響。

　　綜觀其述，基本可知此著涉及密教的理論，幾乎採用東密之說；言及實
際的修持，則說藏密法門。

【圖 3-2-4】《瑜伽養生術與秘密道》封面

資料來源：釋悟光：《瑜伽養生術與秘密道（上冊）》，臺
南：法輪書局，1965 年，封面無頁碼。

〔註166〕〔西藏〕巴珠著，佐欽熙日森五名佛學院譯：《普賢上師言教》，頁 111。
〔註167〕〔西藏〕珀瑪迦爾波著，胡之眞譯：〈六成就法〉，收入胡之眞編譯：《藏密法
　　　　要》，頁 116。
〔註168〕2017 年 4 月 19 日訪問祀典興濟宮鄭凱銘。

【圖 3-2-5】《瑜伽養生術與秘密道》封裡

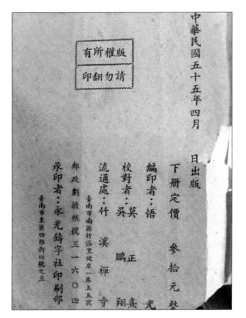

資料來源：釋悟光：《瑜伽養生術與秘密道（上冊）》，封裡無頁碼。

【圖 3-2-6】《瑜伽養生術與秘密道》版權頁

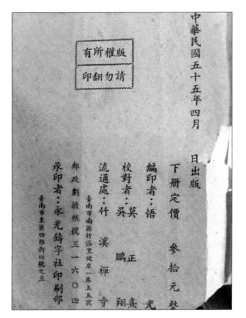

資料來源：釋悟光：《瑜伽養生術與秘密道（下冊）》，臺南：法輪書局，1966 年，版權頁無頁碼。

第三節　六龜閉關的修學經歷（1969～1971）

一、持咒獲得感應

悟光 1968 年淡出藏密道場，1969 年悟光決意往山中閉關，除了可能是歷經藏密等修學不自滿意之外，〔註169〕悟光 1959 年在竹溪寺初閉禪關時，就曾表達住山靜修的願求，然眼淨並未答應。而後悟光受託協助藏密，中途出關。是否這個未完的願想影響悟光在相隔多年以後再次尋思閉關，悟光雖未提及，然此前閉關未圓的經歷，仍可考慮其影響。

再者，1950 年代的臺灣教界正流行閉關。〔註170〕這股風氣直至 1970 年代間仍在風行。〔註171〕因此，佛教界這股風氣的盛行對於悟光宗教修行方式的選擇也許有所影響，使他對於「閉關」心有所念。最後悟光方於 1969 年赴山中閉關，對此決定，悟光只說「我就想到山中去靜修，這次決定往六龜大智山大智瀑布下去蓋個草廬。」〔註172〕修學不自滿意，轉而尋思閉關。是故悟光對於自己的學習也作了若干的安排。〈滄桑回憶錄〉述其入關的準備：

> 帶了很多禪宗語錄及有關密教的經典儀軌，準備研究有一個入處。
> 但身無分文，房屋建蓋費用均由信徒供應完成的，心理亦有準備死
> 而後已。〔註173〕

曾長期擔任悟光侍者的門人釋徹遂表示，當時幾位信徒曾供養悟光些許閉關經費，其中企業家吳修齊（1913～2005）亦協助悟光建蓋關房。〔註174〕悟光入山是為了自身在佛學的理解與佛法的修持上能有更深入的成果。法門的選擇上，悟光選擇了禪與密。這與悟光早年學佛接觸禪宗與密教的歷程不謀而合，可見他在經歷這些過程後所受到的影響仍在持續，進而孜孜矻矻想在禪、密二門更加深入。

然入山掩關的過程並非順利，總體而言，各項生活資源甚為匱乏，悟光

〔註169〕釋悟光：〈滄桑回憶錄〉，釋悟光手稿。
〔註170〕釋道安：〈1950 年代之臺灣佛教〉，收入張曼濤主編：《中國佛教史論集（八）——臺灣佛教篇》，頁 129。
〔註171〕江燦騰：《認識臺灣本土宗教：解嚴以來的轉型與多元面貌》（臺北：臺灣商務印書館，2015 年），頁 165～166。
〔註172〕釋悟光：〈滄桑回憶錄〉，釋悟光手稿。
〔註173〕釋悟光：〈滄桑回憶錄〉，釋悟光手稿。
〔註174〕2017 年 4 月 26 日訪問五智山光明王寺釋徹遂。

也坦白「要覺悟領瀑布水過堂才可以同住」，〔註 175〕意思是生活將會十分清苦，入山必須忍受這些困境。

【圖 3-3-1】悟光 1998 年回訪大智瀑布旁已被洪水毀壞的六龜關房

資料來源：筆者攝於五智山光明王寺典藏之相冊。
翻攝日期：2017 年 4 月 26 日。

閉關初期悟光的心境仍有不安，雖已非初次閉關，但如前節所述，悟光首次在竹溪寺的閉關其實違緣甚多，時間也僅三個月左右，因此不能算是熟於閉關的僧侶，直到六龜閉關才有較完整的個人空間與時間用功，故悟光開始在六龜閉關時仍屬新手，尚有許多需適應與摸索之處。

面對初入關房的心境，悟光選擇誦持「金剛鎧甲咒」以求精進。徽定表示悟光所得「金剛鎧甲咒」是早在竹溪寺時期，由於曾經有俗家的友人偕同悟光拜訪南懷瑾（1918～2012），因而使南氏認識了悟光。然兩人僅幾面之緣，並不相熟。後來南懷瑾曾經兩次到訪竹溪寺，欲傳授「金剛鎧甲咒」給悟光，但當時由於悟光有其他要事不在寺內，兩人並未見上面，南懷瑾就將金剛鎧甲咒託付竹溪寺徒眾，委託將咒交給悟光。〔註 176〕然南氏為何傳咒、當時透過哪位徒眾、有何原委無人知曉，悟光對於得到此咒的來龍去脈也未曾詳盡說明。竹溪寺的釋資定、慶定亦不曉此事。〔註 177〕查察南懷瑾見存的 51 種著

〔註175〕釋悟光：〈滄桑回憶錄〉，釋悟光手稿。
〔註176〕2016 年 8 月 27 日訪問五智山光明王寺釋徽定。
〔註177〕2017 年 4 月 6 日訪問臺南市竹溪禪寺釋資定；2017 年 4 月 6 日訪問臺南市

作，惜未見與悟光互動的紀錄。且南氏無回憶錄與自傳等著，較具代表性的
傳記，南氏之子南一鵬所撰《父親南懷瑾》〔註178〕一書，也未有記載，實難
以窺見當時詳細經過。關於這段歷史，筆者僅能從悟光的〈滄桑回憶錄〉與
徽定的口述得知南氏曾經傳咒予悟光。

【圖 3-3-2】據稱曾傳咒予悟光的南懷瑾

資料來源：王國平：《南懷瑾的最後 100 天》，臺北：
櫟樹林出版，2015 年，相片無頁碼。

「金剛鎧甲咒」在藏傳佛教是屬於「伏藏」所收錄的真言。〔註179〕所謂
「伏藏」，藏文「མ་ཏ་ཟའ།」，有「寶藏」、「寶藏法」之意。〔註180〕依照藏傳佛教
傳統，是祖師蓮華生等高僧大德所埋藏的密典、法器等，歷代會有具資格的
「掘藏師」取出，成為藏傳佛教的法教。〔註181〕

載於《大寶伏藏》的〈十萬咒金剛盔甲・羯磨法集教示章〉云，此咒能

法藏講堂釋慶定。
〔註178〕南一鵬：《父親南懷瑾》（杭州：浙江人民出版社，2015 年）。
〔註179〕法護：〈識語〉，收入〔西藏〕多傑林巴及堪布雅瓊等取藏，法護編譯：《忿怒
　　　　蓮師十萬咒金剛盔甲儀軌集》（基隆：大藏文化，2016 年），頁 3～5。
〔註180〕釋慈怡：《佛光大辭典》，頁 2164。
〔註181〕〔西藏〕蔡巴・貢噶多吉著，東嘎・洛桑赤列校注，陳慶英、周潤年譯：《紅
　　　　史（烏蘭史冊）》（拉薩：西藏人民出版社，1988 年），頁 228～229。

治「四百零四種病症，八萬妖魔諸部類，八十四種凶惡兆，三百六十眾陰卓，十八非時橫死等」〔註182〕諸種違難。《忿怒蓮師修誦法》也載此咒具遣除違緣的功德、具諸威德勢力。〔註183〕

悟光掩關初期曾經三日「不眠不食不領水不起座一直念完二十萬遍」，〔註184〕而後悟光感到如此精進持咒頗有效驗，曾有信眾聞風而來，請求悟光以咒加持。關於此情形，悟光自云：

> 有一天在做課的時候，來了一位退伍軍人……身罹梅毒絕症，醫院都沒法診治，請我為他加持，我亦不思索地將手按住他的頭頂，念咒加持……隔了約一星期，他再來請加持，他說漸漸有改善，亦不痛不癢，就再給他加持一次，以後都沒有來過，有一天我騎機車要往六龜去買菜，在中途遇到他……他就說請我加持的事，他的全身病毒全部都好了。〔註185〕

後來事蹟逐漸傳開，又有一次求加持的事件：

> 有一位美濃的青年去當兵，從車上摔下來傷到腰骨，下半身都好像麻木不仁，不能走動臥在床上好幾年，……，他約來用計程車載來求我加持，……，他的姊姊上山來託我前往加持，……，我亦進退為難，就打傘穿雨衣下山，到車邊一見，……，我進入車內用手撫摸其患處然後按住念咒，……，經過一個多月，他的姊姊拉一束芹菜來供養說謝，她說以後弟弟就用二支竹竿作手扶，試試運動，漸漸轉好，現在已經好到自己拉拐杖出來走動了。〔註186〕

後來還有精神失常者被加持治癒；鄰人有事也來相求悟光；豬、牛等有病亦來尋求加持協助等許多事蹟，〔註187〕可見透過金剛鎧甲咒的持誦，悟光修行出現效驗。而這些感應的案例中，許多是屬治病痊癒，這應與「金剛鎧甲咒」的內涵富有遣除凶兆橫死、治療四百四病的功德有關，如〈十萬咒金剛盔甲‧

〔註182〕〔西藏〕多傑林巴取藏，法護譯：〈十萬咒金剛盔甲‧羯磨法集教示章〉，收入〔西藏〕多傑林巴及堪布雅瓊等取藏，法護編譯：《忿怒蓮師十萬咒金剛盔甲儀軌集》，頁38。

〔註183〕〔西藏〕堪布雅瓊著，法護譯：〈忿怒蓮師修誦法〉，收入〔西藏〕多傑林巴及堪布雅瓊等取藏，法護編譯：《忿怒蓮師十萬咒金剛盔甲儀軌集》，頁18。

〔註184〕釋悟光：〈滄桑回憶錄〉，釋悟光手稿。

〔註185〕釋悟光：〈滄桑回憶錄〉，釋悟光手稿。

〔註186〕釋悟光：〈滄桑回憶錄〉，釋悟光手稿。

〔註187〕釋悟光：〈滄桑回憶錄〉，釋悟光手稿。

羯磨法集教示章〉就特載此咒可迴遮惡兆、防護傳染病。〔註188〕

二、閱藏與著作

　　徹定表示悟光六龜閉關時雖兼及持咒，然閱藏應爲其閉關的主軸。〔註189〕
悟光門人釋徹鴻更言悟光當時是攜帶《大正藏》之典籍赴六龜閉關。〔註190〕
〈滄桑回憶錄〉則指出是披閱禪宗語錄與密教經典儀軌。〔註191〕而據《五智
山光明王寺創建史略暨悟光金剛上師垂教錄》載云：「持咒閱藏窮研諸家典
籍，親證歷代法案，於禪錄之外，兼及語疏，復及密部。」〔註192〕可知所閱
典籍主要在於禪、密二門，其餘尚有「諸家典籍」。但是何宗派的經典則未說
明，除佛典以外，則有禪宗的語錄、公案以及注疏等，皆是悟光閱讀的內容。
因此，這段時間悟光所下功夫最多者也在於禪密，尤其曾經研讀過中國的禪
宗語錄，也參過公案，對於中國佛教禪宗一系的法數有一定的心得。

　　至於悟光閱讀密教部的重點爲何，回憶錄並無詳載。然《五智山光明王
寺創建史略暨悟光金剛上師垂教錄》尚爲悟光披閱密典觸及的範圍提供了些
許線索。其云：「上師於六龜閉關深山閉關閱藏時，知有絕傳於中國之眞言宗，
廣佈日本已達千餘年。」〔註193〕徹鴻與徹遂亦回憶悟光在閉關時得以深研東
密經典奠下厚實的佛學基礎，對悟光的思想養成實爲重要。〔註194〕雖然記載
極其有限，但可知曉悟光閱藏的目光觸及東密。若察藏經所載典籍，如空海
自唐歸日的奏表《御請來目錄》，〔註195〕就云及得法經過、密教宗旨，列述齎
持返國的經典種類，關涉空海學密的過程與內涵亦錄載詳實。再者，東密的
《大毘盧遮那成佛神變加持經》、《金剛頂一切如來眞實攝大乘現證大教王
經》、《大樂金剛不空眞實三摩耶經般若波羅蜜多理趣品》等典籍皆載於大藏
經。悟光雖無明言曾閱此些經典，然透過藏經的檢索，至少可知若欲藉閱藏

〔註188〕〔西藏〕多傑林巴取藏，法護譯：〈十萬咒金剛盔甲・羯磨法集教示章〉，收
　　　　入〔西藏〕多傑林巴及堪布雅瓊等取藏，法護編譯：《忿怒蓮師十萬咒金剛盔
　　　　甲儀軌集》，頁24～25。
〔註189〕2016年8月27日訪問五智山光明王寺釋徹定。
〔註190〕2017年4月26日訪問五智山光明王寺香港分院釋徹鴻。
〔註191〕釋悟光：〈滄桑回憶錄〉，釋悟光手稿。
〔註192〕釋徹定：《五智山光明王寺創建史略暨悟光金剛上師垂教錄》，頁4。
〔註193〕釋徹定：《五智山光明王寺創建史略暨悟光金剛上師垂教錄》，頁5。
〔註194〕2017年4月26日訪問五智山光明王寺香港分院釋徹鴻；2017年4月26日訪
　　　　問五智山光明王寺釋徹遂。
〔註195〕〔日〕釋空海：《御請來目錄》，收入《大正藏》第55冊，頁1060～1066。

了解空海傳衍密教的事蹟或東密經典當有機會。

雖然僅有概要的敘述得以了解悟光閉關的內容。然 1970 年尙在關房期間出版了《一眞法句》與《生活禪》，得以了解悟光學思的積澱。《一眞法句》，爲悟光自述密教心得之文，該篇文章日後被門人視爲悟光的證道歌，〔註 196〕作爲悟光體會密教的核心論述。

《一眞法句》主文篇幅簡短，不包含釋義部分，則主文 7 字 1 句，共 40 句，凡 280 字。然而透過該文可以了解悟光的密教體悟，基本上已經具備概要性的密教認識。不過，其中亦兼具了顯教的觀念，顯密兼融，形成這篇法句。以下將以四大觀念來分析悟光本篇法句的主構。

其一，「阿字門中本不生」。〔註 197〕「本不生思想」由於關涉東密「六大緣起」之思想立基點，故此處需先稍作說明，「本不生」之說源於聲聞乘的緣起思想，至大乘而重於其本不生滅的思想義涵，成爲大乘佛教的特色。〔註 198〕故大乘佛典，舉如《大般涅槃經》、〔註 199〕《摩訶般若波羅密多經》、〔註 200〕《文殊師利淨律經》〔註 201〕等典籍皆有「本不生」的思想，以至於與密教相關的《不空羂索神變眞言經》、〔註 202〕不空譯出的《大方廣佛華嚴經入法界品四十二字觀門》、〔註 203〕《瑜伽金剛頂經釋字母品》〔註 204〕等經典亦顯現此類思想，直至一行在《大毘盧遮那成佛經疏》（以下簡稱《大日經疏》）結合阿字義與本不生思想，云「阿字本不生」來詮顯《大毘盧遮那成佛神變加持經》的思維，〔註 205〕而東密傳統則續《大日經疏》思想亦言「阿字本不生」。〔註 206〕以之作爲東密六大緣起之本有體性。〔註 207〕

〔註 196〕釋悟光：《新編正法眼藏》，頁 153。

〔註 197〕釋悟光：《一眞法句》，收入釋悟光：《新編正法眼藏》，頁 173。

〔註 198〕釋印順：《中觀今論》（新竹，正聞出版社，2000 年），頁 30。

〔註 199〕〔曹魏〕曇無讖譯：《大般涅槃經》，收入《大正藏》第 12 冊，頁 383。

〔註 200〕〔姚秦〕鳩摩羅什譯：《摩訶般若波羅密經》，收入《大正藏》第 8 冊，頁 219。

〔註 201〕〔晉〕竺法護譯：《文殊師利淨律經》，收入《大正藏》第 14 冊，頁 448。

〔註 202〕〔蕭梁〕菩提流志譯：《不空羂索神變眞言經》，收入《大正藏》第 20 冊，頁 299。

〔註 203〕〔唐〕釋不空：《大方廣佛華嚴經入法界品四十二字觀門》，收入《大正藏》第 19 冊，頁 707。

〔註 204〕〔唐〕釋不空：《瑜伽金剛頂經釋字母品》，收入《大正藏》第 18 冊，頁 338。

〔註 205〕〔唐〕釋善無畏述，釋一行記：《大毘盧遮那成佛經疏》，收入《大正藏》第 39 冊，頁 65。

〔註 206〕〔日〕釋空海：《大日經開題》，收入《大正藏》第 58 冊，頁 9。

　　其二，「六大毘盧即我身」，〔註 208〕則應是「六大緣起」之義。〔註 209〕
此說並不見於密教典籍，〔註 210〕是空海奠基於《大日經》的「五大——地、
水、火、風、空」思想，進一步加上「識」，成爲地、水、火、風、空、識之
六大緣起新說。〔註 211〕此六大緣起說，首先出現於空海《即身成佛義》云：「六
大無礙常瑜伽」。至被譽爲東密興教的釋覺鑁（1095～1143）在《五輪九字明
祕密釋》云：「一切眾生，色心實相，無始本際，毘盧遮那平等智身。色者色
蘊。開爲五輪；心者識大，合爲四蘊，是則六大法身，法界體性智。」〔註 212〕
以六大爲法身之體，爲宇宙法界身，承續空海《即身成佛義》之內涵，成立
「六大法身說」。

　　承上所述，「六大緣起」爲獨特的東密思想，悟光本句使用之六大應是來
自東密，其言以六大爲毘盧身，與東密六大爲法界之體的緣起義涵亦十分相
近，顯露出悟光此處受到東密觀念的影響。

　　其三，「心生覺了生是佛，心佛未覺佛是生」，〔註 213〕基本是論述「心、
佛、眾生」之思想。三者之間關係的論述，來自於《華嚴經》的思想，經云：
「心佛及眾生，是三無差別，諸佛悉了知，一切從心轉。」〔註 214〕大乘佛教
論述心、佛、眾生之間的關係多由《華嚴經》而論，〔註 215〕悟光此思想與華
嚴三無差別的概念也理路相同。

　　其四，「一念不生三三昧」，〔註 216〕悟光自釋爲「無我」、「無相」、「無願」，
這應是屬於顯教的範圍。自《阿含經》系統起佛典就經常出現這種三三昧思
想，直至大乘佛典，也屢有這種觀念。而其中如《大智度論》作爲大乘般若
佛典的論著，疏解其義最爲著名。〔註 217〕諸多大乘典論對於三三昧基本有一
共識，即是此三三昧是指「空」、「無相」、「無願」。而悟光在此卻以「無我」

〔註 207〕〔日〕釋宥範：《大日經疏妙印鈔》，收入《大正藏》第 58 冊，頁 53。
〔註 208〕釋悟光：《一真法句》，收入釋悟光：《新編正法眼藏》，頁 172。
〔註 209〕〔日〕釋空海：《即身成佛義》，收入《大正藏》第 77 冊，頁 381。
〔註 210〕呂建福：〈論空海六大緣起説〉，《密教論考》（新北：空庭書苑，2009 年），
　　　　　頁 233～239。
〔註 211〕神林隆淨著，歐陽瀚存譯：《密宗要旨》（臺北：文殊出版社，1986 年），頁 41。
〔註 212〕〔日〕釋覺鑁：《五輪九字明祕密釋》，收入《大正藏》第 79 冊，頁 13。
〔註 213〕釋悟光：《一真法句》，收入釋悟光：《新編正法眼藏》，頁 173。
〔註 214〕〔晉〕釋佛陀跋陀羅譯：《大方廣佛華嚴經》，收入《大正藏》第 9 冊，頁 465。
〔註 215〕〔晉〕釋佛陀跋陀羅譯：《大方廣佛華嚴經》，收入《大正藏》第 9 冊，頁 465。
〔註 216〕釋悟光：《一真法句》，收入釋悟光：《新編正法眼藏》，頁 173。
〔註 217〕鈴木廣隆：〈般若經の空思想〉，《印度哲學佛教學》第 5 號（1957 年），頁 145。

代替「空」的語彙。若詳察三三昧的「空」三昧。但如《大智度論》云：「空三昧二行：一者、觀五受眾，一相、異相無故空；二者、觀我、我所法，不可得故無我。」〔註218〕從我與我所法不可得的角度來看，「空」三昧，實也具有「無我」之意。故悟光本處的思想仍可歸類於大乘顯教一般定義的三三昧之義。

首先，悟光在文中多處依循顯教的說法，頗富意趣，由於悟光日後以東密僧侶的身份弘教，這篇《一眞法句》被視爲悟光的證道心得而廣在五智山光明王寺一系的僧俗間流行，顯然這些思想被認定是構成悟光宗教觀念的主軸。而悟光所顯露出的東密思想，較有關涉者，主要爲「六大」理論，這是空海建立密教系統的獨特緣起說，然此處悟光僅援用此說，並無更多東密思想的運用。

《一眞法句》有不少顯密兼具的思想，但筆者將之視爲悟光的密教著作，是由於悟光自言「嗡乃曠劫獨稱眞」，〔註219〕是歸命密教教主大日如來之意，〔註220〕開宗明義已指出是置於密教門中而論。悟光本篇文章的主構，也是以「嗡」、「阿」、「吽」三字明，「阿字本不生」，「六大緣起」等幾大觀念爲主開展思想。其中提到毘盧、菩薩、金剛、文殊普賢、密號、神通變化、加持等語，仍顯示充滿密教色彩的內容。其涉及緣起觀與最終修行境地的詮述——「文賢加持重重身」〔註221〕以證「阿字門中本不生」〔註222〕的本具「六大毘盧」。這些根本性的緣起與修證觀念，亦是明顯以密教思想作爲主構。至於顯教思想，則是作爲文章敍述修行時的基礎理解，因此《一眞法句》作爲悟光的密教思想的著作應可確認。

第二本著作《生活禪》，該著是闡述禪學思想的作品，充滿了「當下直認」、「無相」等思想特質。舉如悟光言：「眞如本性的內容，自然的法則，本具妙心之功德。這本具妙心，諸法當體即是，非二物也」、〔註223〕「萬物當體即是佛性當體，亦是佛性之功德」〔註224〕是當下直認；「眞如上看，沒有相

〔註218〕〔印度〕龍樹著，鳩摩羅什譯：《大智度論》收入《大正藏》第 25 冊，頁 207。
〔註219〕釋悟光：《一眞法句》，收入釋悟光：《新編正法眼藏》，頁 172。
〔註220〕釋悟光：《一眞法句》，收入釋悟光：《新編正法眼藏》，頁 174。
〔註221〕釋悟光：《一眞法句》，收入釋悟光：《新編正法眼藏》，頁 173。
〔註222〕釋悟光：《一眞法句》，收入釋悟光：《新編正法眼藏》，頁 173。
〔註223〕釋悟光：《生活禪》（高雄：派色文化，1991 年），頁 23。
〔註224〕釋悟光：《生活禪》，頁 90。

狀，相是假因緣幻成的」、〔註225〕「實相無相，是諸法差別相」、〔註226〕「其物當體即是無相的自性所幻」〔註227〕是無相觀念。

　　關於《生活禪》另外要討論的是，由於悟光閉關閱藏遍及禪典，又出版禪思著作，因此「禪」也可說是悟光閉關時的重點之一。因此，不得不注意到，1969 年——悟光入關的當年，臺灣社會正引起一場有關《六祖壇經》的大辯論。〔註228〕1969 年錢穆（1895～1990）在臺北善導寺以〈六祖壇經大義——慧能真修真悟的故事〉為題演講，肯定六祖慧能（638～713）擺脫前代義學包袱，直指心證，具豐富的禪修經驗，實為禪宗偉大的僧侶。〔註229〕然遭到張曼濤（1933～1981）以〈慧能與壇經〉一文指出錢穆誤讀「本來無一物」為「心中無一物」，有誤解慧能思想之嫌。〔註230〕楊鴻飛（1918～？）亦提出異議，認為慧能的歷史與地位是釋神會（688～758）以後所編造與形塑。〔註231〕其後錢穆與楊鴻飛、張曼濤之間又展開一連串的辯論，錢穆以〈略述有關六祖壇經之真偽問題〉、〔註232〕〈讀六祖壇經〉〔註233〕與〈再論關於壇經真偽問題〉〔註234〕等文立論支持《六祖壇經》與慧能思想的真實性。楊鴻飛以〈「再論壇經問題」讀後〉〔註235〕一文反駁錢穆觀點，仍持慧能與《六祖壇經》是後人偽添的立場。最後張曼濤發表〈慧能與壇經〉〔註236〕一文歸結

〔註225〕釋悟光：《生活禪》，頁 85。
〔註226〕釋悟光：《生活禪》，頁 177。
〔註227〕釋悟光：《生活禪》，頁 89。
〔註228〕有關臺灣社會 1969 年禪宗大辯論的相關文章蒐羅於張曼濤主編：《六祖壇經研究論集》（臺北：大乘文化，1976 年）。
〔註229〕錢穆：〈六祖壇經大義——慧能真修真悟的故事〉，收入張曼濤主編：《六祖壇經研究論集》，頁 184～185。
〔註230〕張曼濤：〈慧能與壇經〉，收入張曼濤主編：《六祖壇經研究論集》，頁 195～204。
〔註231〕楊鴻飛：〈關於六祖壇經〉，收入張曼濤主編：《六祖壇經研究論集》，頁 195～204。
〔註232〕錢穆：〈略述有關六祖壇經之真偽問題〉，收入張曼濤主編：《六祖壇經研究論集》，頁 205～213。
〔註233〕錢穆：〈讀六祖壇經〉，收入張曼濤主編：《六祖壇經研究論集》，頁 155～163。
〔註234〕錢穆：〈再論關於壇經真偽問題〉，收入張曼濤主編：《六祖壇經研究論集》，頁 225～233。
〔註235〕楊鴻飛：〈「再論壇經問題」讀後〉，收入張曼濤主編：《六祖壇經研究論集》，頁 235～244。
〔註236〕張曼濤：〈慧能與壇經〉，收入張曼濤主編：《六祖壇經研究論集》，頁 240～251。

慧能與《六祖壇經》的問題雖有諸種觀點的立論與批評，然真偽仍無法解決。最後辯論無疾而終，卻刺激了釋印順於 1971 年出版《中國禪宗史》，[註237] 印順在該書〈序〉言：「《中央日報》有《壇經》為神會所造，或代表慧能的爭辯，才引起我對禪史的注意。」[註238] 表明 1969 年禪宗辯論的影響。印順其著不僅討論了慧能與《六祖壇經》的問題，考察了禪史史料、禪宗典籍與海內外學者的研究，據以立論慧能歷史與《六祖壇經》內容的可信，並從禪在中國的發展論述自印度禪趨向中華禪的轉折。後於 1973 年更因此書榮獲日本大正大學頒發博士學位，可見 1969 年禪宗辯論的影響深遠。

【圖 3-3-3】釋聖嚴代表印順受頒日本大正大學博士學位文憑

資料來源：釋聖嚴：《歸程》，臺北：法鼓文化，1999 年，頁 266。

這場辯論當時轟動教界與學界，是否對於悟光有所影響？若察 1970 年出版的《生活禪》一書，悟光對此在該書中卻沒有一點表示。僅在序中撰述自己對於禪史資料的認識，對於慧能與《六祖壇經》的真偽性絲毫未提，只直率表達六祖以來的法匠輩出與禪論精湛的觀點。其言：「六祖以下禪匠輩出，各有發揮，其禪學文章，如碧巖集、法寶壇經、證道歌、參同契、指月錄、種電抄、東林抄、黑漆桶、舐犢抄、皆是禪思想之傑作。」[註239] 更遑論 1971 年出版的《中國禪宗史》對於悟光《生活禪》的影響。故從《生活禪》

[註237] 釋印順：《中國禪宗史》（新竹：正聞出版社，1971 年）。
[註238] 釋印順：《中國禪宗史》，頁 4。
[註239] 釋悟光：《生活禪》（高雄：派色文化，1991 年），頁 30。

基本無從看出閉關的悟光，對外界那般掀起滔天巨浪的禪宗辯論到底有多少了解，或有多少感受。然而，從《生活禪》的內容，可以看出這段時間的悟光，心中充滿對禪的興趣，對於外界的禪史辯論悟光無論知或不知，悟光對於禪的興趣與心得卻是事實。

三、修學未解的疑惑

悟光既在禪、密有所成就，何以遠赴他方再求法門？為何轉向高野山求法？經過閱藏與持咒以後，悟光除學理方面更上一著，修持方面所得感應卻成為悟光的另一層疑惑。前述悟光為信眾加持之事蹟使悟光感受到持咒感應所獲得的效驗，然而悟光對此感應究竟由何而來仍不置可否。由於宗教體驗的不可思議、無法解釋，驅使悟光想要追尋這些神秘體驗背後的真正原由。悟光自述：

> （悟光）對這些力量的出處非常疑問，以前修習藏密時，常聽上師說，會見到本尊現前啦，聽到空中咒聲啦等等，我一向不信這個說法。金剛經說：凡所有相即是虛妄，又說：若以色見我，以音聲求我，是人行邪道不能見如來，又維摩經都說不二法門，經中所有人物均是象徵人物並非歷史上之人物。我這種力量究竟是自力還是他力，若果是他力，卻亦未曾見過鬼神或菩薩現身，或是我已經著魔嗎？〔註240〕

可知悟光從閉關持咒感應出現的疑情，轉而思索從前習學藏密時上師對於感應的解釋，然悟光對於過去藏密上師所指導的法義並無法完全深信，密教強調修持的法驗，若修行有素者，有各種相應之相出現於修習過程，如貢噶就曾經在閉關時體驗過種種境界，或神足飛行、或見本尊觀音顯現等等。〔註241〕因此，不難想像藏密傳統對於這些感應抱持肯定的態度。然悟光對於此種情形的看法，卻是採取了《金剛經》〔註242〕與《維摩詰經》〔註243〕的觀點，認

〔註240〕釋悟光：〈滄桑回憶錄〉，釋悟光手稿。

〔註241〕噶瑪三乘法輪中心編譯組：〈金剛上師貢噶老人事略〉，《正法眼（一）》，頁189～190。

〔註242〕《金剛經》，即鳩摩羅什（334～413）所譯《金剛般若波羅蜜經》之簡稱。該經在中國共有6種漢譯本，其中以羅什本最為流通，唐代開始《金剛經》的受持逐漸廣泛流行，本經通篇講述理論與般若空義有關。有關《金剛經》的思想傳播與在漢地的流行情況，可詳見釋印順：《中國禪宗史》（新竹：正聞出版社，2011年），頁159～163。

為以表相相求，皆非道途，法乃不生不滅，應無相可見。又對於持咒等密行，其間或有效驗，然悟光本人亦未見過「鬼神或菩薩現身」，〔註244〕故對於這些顯相的種種說法表示懷疑。

悟光對這些閉關後從事修持所產生的諸般困惑未能解決，即使研閱藏經，但對於解釋悟光的疑問尚有侷限，促使悟光有了另求他法的打算：「這難題使我非常苦惱，自此決心到日本高野山去學法，能夠得到完滿的解答。」〔註245〕另觀釋徽定在撰述悟光傳略時描述悟光「悟密旨所寄，不在簡冊，若欲求融，應當另行築求」，〔註246〕也頗合乎當時悟光所述的情境。六龜閉關的經歷作為悟光傳記中唯一的完整閉關紀錄，關房中的學習對悟光的密教選擇應有決定性的影響，從原本修持藏密，而後遭遇疑問，遂使悟光轉變密教傳統。

〔註243〕《維摩經》，即鳩摩羅什所譯《維摩詰所說經》之簡稱。該經在中國共有 3 種漢譯本，其中以羅什本最為流行，本經所述理論為「空觀」、「不二」……等與般若空有關教義，相關思想與流傳情形可詳見陳引馳、林曉光譯注：《新譯維摩詰經》（臺北：三民書局，2013 年），頁 4～15。
〔註244〕釋悟光：〈滄桑回憶錄〉，釋悟光手稿。
〔註245〕釋悟光：〈滄桑回憶錄〉，釋悟光手稿。
〔註246〕釋徽定：《五智山光明王寺創建史略暨悟光金剛上師垂教錄》，頁 4。

第四章　釋悟光東密的抉擇與定向

　　悟光轉向東密，是因修學遭逢瓶頸，而另求他方。但其於貢噶處習密長達 9 年，期間亦展現積極的密教興趣與學習態度。[註1] 並 1965、1966 年出版《瑜伽養生術與祕密道》言「證道唯密門」，[註2] 1970 年於六龜閉關時出版《一真法句》言其佛法心得時依然表示歸命密教教主大日如來，[註3] 可以理解悟光始終保持學習密教的熱忱。但論密教傳統實有西藏與日本兩地，[註4] 若欲海外深造，何以悟光淡出貢噶道場以後就驟轉東密，而排除再求藏密之修學，其中因素仍晦暗未明，究竟這之間有何推力與拉力，促使悟光最終選擇遠赴日本求取東密。本章將從悟光的生平歷程與社會環境逐一探討，探察驅使悟光最終抉擇東密的理由。

　　再者，綜觀悟光所著見存文獻及其相關傳記資料，皆無其留日學習內容的詳細經歷，[註5] 無法直接從悟光親著的文章見其學習內涵。故筆者透過當時高野山勸學會的書目轉變、研修風氣與信仰氛圍，試釐清悟光所接觸的高野山修學環境。而東密傳統又如何影響悟光，將從思想、教學、建寺等方面察其東密的實踐，藉此能具體瞭解悟光如何承續高野山的東密傳統，以知曉悟光定向東密的影響層面。

〔註 1〕2017 年 4 月 19 日訪問臺南市祀典興濟宮鄭凱銘；2017 年 4 月 26 日訪問五智山光明王寺香港分院釋徹鴻；2017 年 4 月 26 日訪問五智山光明王寺釋徹遂。

〔註 2〕釋悟光：《瑜伽養生術與祕密道（下冊）》，頁 82～84。

〔註 3〕釋悟光：《一真法句》，收入釋悟光：《新編正法眼藏》，頁 174。

〔註 4〕松長有慶著，吳守綱譯：《密教：東方智慧的崛起》，頁 147。

〔註 5〕關於悟光的遠赴高野山求法，除了悟光於《滄桑回憶錄》對於赴高野山的前因後果有幾頁敘述以外，對於其中修學細節則無記載，是甚為可惜之處。

第一節　轉向東密的選擇

一、修行興趣驅使密教探索

悟光自幼喜好祭祀，後又接觸許多修真術法，極具實修實練的特質，後轉佛門，則好學密教。悟光追尋宗教修持時，似乎對儀軌操作豐富、強調實際修練的法門有濃厚興趣。

悟光在竹溪寺就喜愛購書、閱書、閱藏，其中亦包含日文書，藉此自修佛學、得識東密。〔註6〕悟光撰寫其師事跡時，述及眼淨曾遊學日本「往真言宗寺院掛單求學東密」，〔註7〕可知除透過閱讀，也有機會與眼淨互動而瞭解其東密見聞。

悟光自 1960～1968 年間從貢噶修習藏密。無獨有偶，貢噶 1965 年的開示就曾介紹東密流傳始末。其云：「不空三藏弟子惠果將密教傳給日本，來華之留學僧空海，世稱弘法大師，而為日本真言宗的開山祖師，此約當晚唐德宗之際，迄清季空海和向東歸，始有日本東密之說。」〔註8〕耆老鄭凱銘曾數度強調，從貢噶修密時，悟光對於密教極有興趣，學習甚為認真。〔註9〕從貢噶處的開示，悟光或有機會聽聞東密的隻字片語。

第一章第一節已述 1945 年日人撤臺以後，真言宗隨軍返國，在臺布教因此中斷。復以國府來臺後極力壓抑日本文化，〔註10〕故戰後至 1972 年悟光返臺以前東密環境極為匱乏。竹溪寺資定、慶定與耆老鄭凱銘等人亦言 1945～1972 年間未聽聞臺南市有東密道場。〔註11〕但從悟光周遭的人事環境考察，仍有機會接觸東密的訊息，只是當時的環境缺乏東密正式的師資傳授、教學與道場。若從《瑜伽養生術與秘密道》僅在理論呈現如空海「十住心」的判教等部分東密思想，實修層面卻皆為如上師相應法、拙火等藏密法門的情況

〔註6〕 2017 年 4 月 26 日訪問五智山光明王寺釋徹送；2017 年 4 月 26 日訪問五智山光明王寺香港分院釋徹鴻。

〔註7〕 釋悟光：〈眼淨和尚事跡〉，收入釋淨明主編：《眼淨和尚圓寂二十五週年紀念集》，頁 68。

〔註8〕 貢噶述，童麗舟、陳錦德、張簡敬修整理：《自性光明——金剛上師貢噶老人開示錄》，頁 106。

〔註9〕 2017 年 4 月 19 日訪問臺南市祀典興濟宮鄭凱銘。

〔註10〕 江燦騰：《臺灣佛教史》，頁 328～329。

〔註11〕 2017 年 4 月 6 日訪問臺南市法藏講堂釋慶定；2017 年 4 月 7 日訪問臺南市竹溪禪寺釋資定；2017 年 4 月 19 日訪問臺南市祀典興濟宮鄭凱銘。

來看，似有幾分呼應。

　　因此，悟光此時能真正獲授的密教修練，僅有藏密。東密恐是只知其聞，未能親自受教修持。然親修藏密以後，悟光當時仍對上師開示的本尊顯相等語有所疑惑，〔註12〕可見藏密的修持對悟光而言尚未能應其所思。

　　雖不能言戰後東密環境的匱乏，必定促使悟光趨向東密，然如此環境是否引起悟光的好奇與探究，復以修學藏密的因緣未足。這對於驅動悟光內心密教學習興趣的轉向，亦是可考慮的因素之一。

二、宗教學習歷程的願求

　　若從第三章第一節所述悟光與眼淨思想討論時的問題意識來看，悟光的修行需求除了修持以外，尚有思想探討的層面。當時的竹溪寺是以重視作務為主的生活模式，並無專研佛典的風氣，也無禪修方面的修行教學。〔註13〕然悟光前往竹溪寺本期待能得眼淨指導禪法，然其到寺後卻忙於法務，與其初衷有別。〔註14〕

　　即便後來轉向藏密，雖有法門可修，然貢噶不常在臺南，悟光無法隨時請教關於修行的疑問，而對於貢噶所開示如佛菩薩顯相等疑惑始終未除。再者，如第三章第二節所揭貢噶系的特色也非鑽研佛學學問，是以實修傳統為主，宗風至今如此。綜觀前述，無論是竹溪寺或是貢噶處的修習，恐怕都難以滿足當時悟光疑難重重的修行疑問與思辯的需求。

　　相對而言，日本高野山長期保持著修學傳統，如專修學院的基礎學理、儀軌操作以及勸學會的經典學習、辯論等訓練，從修行到學問皆有其訓練與考核流程，堪稱完整。關於高野山的修學、研究與信仰風氣於本章第二節有論，此不贅述。

　　悟光雖無明言在臺已清楚日本高野山一切制度，然〈滄桑回憶錄〉有載，悟光閉關六龜時就已委託友人至高野山聯絡，順利聯繫高野山遍照尊院住職目黑隆幸協助赴日修學。赴日時也已備妥「陳情書」表明欲申請進入專修學院就讀。〔註15〕並且悟光持續透過閱讀瞭解東密，〔註16〕對於日本高野山修

〔註12〕釋悟光：〈滄桑回憶錄〉，釋悟光手稿。
〔註13〕2017 年 4 月 6 日訪問臺南市法藏講堂釋慶定；2017 年 4 月 7 日訪問臺南市竹溪禪寺釋資定。
〔註14〕釋悟光：〈滄桑回憶錄〉，釋悟光手稿。
〔註15〕釋悟光：〈滄桑回憶錄〉，釋悟光手稿。

學傳統應有一定程度的了解。臺日修學環境的差異之下，悟光實有可能寄託於高野山的密教修學。

三、語言、文化的熟稔度

1919 年日本殖民政府進入「內地延長主義」階段（1919～1937），發布《臺灣教育令》、〔註17〕課程內容加入日本歷史與工藝，加強日本同化的學習。1920 年實施日臺共學制度，〔註18〕使日臺子弟能共同就學。1941 年推行「皇民化政策」，全面日化臺人。〔註19〕這一連串日本同化的教育政策直至 1945 年方才結束，可見臺人所受日本教育的薰習。

悟光在日治時期就讀至高等科，曾入早稻田大學學習簿記，〔註20〕後至大阪商船學校學習船務，〔註21〕甚為熟習日語。徽定曾言悟光留有許多日文稿件。〔註22〕資定亦回憶往昔竹溪寺若有日本人士來訪，皆由悟光接待、翻譯，日語極為流利。〔註23〕

徹鴻甚至言及悟光早年跑船時與日人相處頗有技巧，日後弘法也曾教導弟子如何與日人應對。〔註24〕悟光亦諳日本文物鑑賞。〔註25〕諸種層面都可見其對日本文化的熟悉。

至於藏密，據耆老鄭凱銘所言，貢噶當時傳法使用中文，僅有觀想需認藏字，實不須熟識藏文。考察悟光歷程與訪談相關人事時也未聞悟光精諳藏文，除曾隨貢噶學密以外，亦未見悟光有其他觸及西藏文化的經歷。相比之下，日本的文化環境對於悟光更為熟悉，尤以成長背景與語言學習的歷程而言，悟光浸潤日文環境日久，這種熟悉度或可作為赴日對悟光的吸

〔註16〕2017 年 4 月 26 日訪問五智山光明王寺釋徹送；2017 年 4 月 26 日訪問五智山光明王寺香港分院釋徹鴻。

〔註17〕不著撰人：〈臺灣教育令內容〉，《臺灣新聞》（1919 年 1 月 29 日），第 2 版。

〔註18〕不著撰人：〈共學實施制度〉，《臺灣日日新報》（1920 年 1 月 9 日），第 6 版。

〔註19〕須崎慎一：《日本ファシズム時代　天皇制・軍部・戰爭・民眾》（東京：大月書店，1999 年），頁 349。

〔註20〕釋悟光：〈滄桑回憶錄〉，釋悟光手稿。

〔註21〕2017 年 4 月 26 日訪問五智山光明王寺香港分院釋徹鴻；2017 年 4 月 26 日訪問五智山光明王寺釋徹送。

〔註22〕2016 年 8 月 27 日訪問五智山光明王寺釋徽定。

〔註23〕2017 年 4 月 7 日訪問臺南市竹溪禪寺釋資定。

〔註24〕2017 年 4 月 26 日訪問五智山光明王寺香港分院釋徹鴻。

〔註25〕2017 年 4 月 26 日訪問五智山光明王寺釋徹送。

引力之一。

四、留學日本的教界風氣

　　日本西化後，有成熟的學術研究佛教，故有心從事佛教學研究者趨之若鶩，流行赴日學習。〔註26〕釋聖嚴寫於 1967 年的〈今日的臺灣佛教及其面臨的問題〉一文中剖析當時臺灣佛教界的各種問題與發展即指出當時流行的赴日風潮。聖嚴道：

> 去日本留學，這是一個時髦的熱門，從一九五二年以來，由臺灣去的僧尼居士，據我所知，已有圓明、蕭輝楷、李瑞爽、果宗、慧嶽、通妙、青松、易陶天、學慈、了中、能果、睿理、廣聞、慈觀、修觀、慧光、明宗等大概二十位左右。其中的慧嶽、了中、學慈三位比丘及廣聞、慈觀、修觀、慧光等六位比丘尼，已經學成回國。〔註27〕

而聖嚴本人亦在 1969 至 1975 年間留學日本直至獲得博士學位。悟光並無說明是否受到這股風氣的催化，無可斷言必是隨此風潮而留日，但悟光確實是在臺灣教界風行赴日潮流的時間點前往日本，當可考量其影響。

五、政治、外交關係的影響

　　戰後國府遷臺，蔣中正（1887～1975）於 1950 年 6 月 11 日在圓山軍官團發表一段對日關係的談話。其云：

> 經過我們這一次抗戰之後，大部份日本人就都感悟中國真是他們一個兄弟之邦，而一般有識之士，更深切瞭解，亞洲如果沒有一個獨立自由的中國，日本決不能單獨存在。我們只要日本軍民真正覺悟到這一點，中日之間就有了合作的基礎；同時我們自己也要認清，如果亞洲沒有一個獨立自由的日本，中國也是不能單獨存在的。
> 〔註28〕

〔註26〕有關當時臺灣教界緇素風行留日、遊日的情況，可詳見許育銘：〈民國以來留日學僧的歷史軌跡與聖嚴法師東渡留學〉，《東華人文學報》第 6 期（2004 年），頁 197。

〔註27〕釋聖嚴：〈今日的臺灣佛教及其面臨的問題〉，《學術論考》（臺北：法鼓文化，1999 年），頁 281。

〔註28〕蔣介石：《革命實踐研究院軍官訓練團成立之意義》，收入秦孝儀主編：《先總統　蔣公思想言論總集》卷 23（臺北：中國國民黨黨委會，1984 年），頁 255。

又云：

> 現在中日兩國既已明白日本不能侵略中國，中國亦不可敵視日本，兩
> 國必須親睦合作，才能達到共存共榮的目的，至此（孫文）總理的
> 外交政策，亦才有實行的可能了。當前國際上沒有真正幫助我們的
> 國家，我們重新研讀總理遺教，越發覺得中日合作的重要。〔註29〕

雖然蔣中正的發言具有政治外交的目的性，然而卻透露出對日的態度，因應
國際局勢，仍須日本的協助與合作，臺、日關係尚屬緩和。

1952 年臺、日簽訂《臺北和約》，〔註30〕蔣中正強調臺日合作，有助東
亞穩定繁榮，以致世界和平，同年 10 月，日本與臺灣建立正式外交關係。
〔註31〕此約履行至 1972 年臺日斷交為止。

相對於此，國府對於共產黨的敏感則遍及社會各處，如第二章第二節所
揭釋證光遭捕處決的情形即可明瞭。以《台灣與閩日佛教交流史》所載悟光
口述 1953 年證光案的資料觀察，悟光對此事有所知之。並且證光遭槍決的 1955
年，悟光就在竹溪寺出家。身在開元法系竹溪寺〔註32〕的悟光，應能感受當
時愁雲慘霧的氛圍。曾於竹溪寺出家的吳老擇指出，開元寺因此案噤若寒
蟬，甚至影響寺務沒落，〔註33〕此論雖可商榷，然可見證光案對當時開元寺
的震撼。

對於曾經歷政治肅清者而言，這種記憶深刻烙印在腦海中。〔註34〕例如
臺籍作家葉石濤（1925～2008）就曾回憶：「這種恐怖感統治了所有日常生活，
已達到食不知味，睡不知覺的地步。」〔註35〕學者殷海光（1919～1969）剖

〔註29〕 蔣介石：《革命實踐研究院軍官訓練團成立之意義》，收入秦孝儀主編：《先總
統 蔣公思想言論總集》卷 23，頁 256。

〔註30〕 沈呂巡、馮明珠：《百年傳承 走出活路：中華民國外交史料特展》（臺北：
國立故宮博物院，2011 年），頁 98。

〔註31〕 不著撰人：〈我駐日大使董顯光 正式拜訪日本外相〉，《中央日報》（1952 年
10 月 21 日），第 2 版。

〔註32〕 自捷圓接任竹溪寺住持後，竹溪寺法脈與開元寺接上法統，竹溪寺自捷圓後，
續由眼淨、然妙、常定等接任住持，皆開元寺傳芳之法脈。詳見眼淨和尚紀
念會編：《臨濟宗南海普陀山普陀前寺寶島傳燈錄》，頁 15。

〔註33〕 吳老擇口述，卓遵宏、侯坤宏訪問，周維朋、王千蕙、莊豐卽記錄整理：《臺
灣佛教一甲子：吳老擇先生訪談錄》（新北：國史館，2006 年），頁 47～48。

〔註34〕 江燦騰：《臺灣佛教史》（臺北：五南圖書，2009 年），頁 330。

〔註35〕 葉石濤：《一個臺灣老朽作家的五十年代》（臺北：前衛出版社，1991 年），頁
64。

析當時的社會氣氛，亦道：「（民眾對於臺灣）島上無所不在的恐慌（bugaboo）都有一種近乎非本能的反應。」〔註36〕這種肅殺的緊張感，幾令百姓煎熬崩潰，顯見當時的社會遭受戒嚴恐懼的壟罩。這種深入民間的政治氛圍，實應考量對於悟光抉擇海外學密的影響。

因此，兩岸阻隔、國共對峙，遠赴西藏求法的阻力極大。相較之下，日本仍與臺灣維持邦交關係，通商、通郵、通航相互往來，赴日的條件實較具足。

六、交通與地理的易行性

戰後日本航空新闢臺日航線，1959 年 7 月 30 日，首航班機抵達松山機場。〔註37〕如悟光就自言是搭機赴日，〔註38〕抵日以後，則換搭計程車上高野山。〔註39〕可見由臺赴日、再赴高野山的交通頗為便利。

高野山位於日本和歌山縣，海拔平均約 1000 公尺。屬溫帶海洋性氣候，夏季盛行東南季風而多雨，冬季則行西北季風，降雪量偏低。年均溫 6～28度，氣候宜稱溫和。〔註40〕

至於遠赴西藏，臺灣自 1949 年 5 月 19 日發布戒嚴令以後，海峽兩岸進入對峙狀態，無法通航。直至 1987 年蔣經國（1910～1988）宣布解除戒嚴，開放探親後，方有赴陸的可能。〔註41〕

西藏總體地貌為高原景觀，平均高度在海拔 4000 公尺以上，素有「世界屋脊」之稱。〔註42〕其中雖有谷地，然亦高達海拔 2800 公尺，與周遭山地落差高度約 2000～3000 公尺。〔註43〕高原氣候嚴寒，谷地地形破碎、峽谷水流湍急。〔註44〕年均溫攝氏零下 3～9 度左右，日溫差可達 14～16 度。〔註45〕

〔註36〕殷海光：〈剖析國民黨〉，收入林正弘主編：《殷海光全集（12）：政治與社會》（臺北：桂冠圖書公司，1990 年），頁 1153。

〔註37〕不著撰人：〈日航公司首次班機　定今午後抵臺　機場上將有歡迎盛會〉，《中央日報》（1959 年 7 月 30 日），第 4 版。

〔註38〕釋悟光：〈滄桑回憶錄〉，釋悟光手稿。

〔註39〕2016 年 8 月 27 日訪問五智山光明王寺釋徹定。

〔註40〕北京外國語學院日語教研室編：《日本地理》（臺北：鴻儒堂出版社，1995 年），頁 82。

〔註41〕不著撰人：《總統府公報》第 6222 號（1998 年 6 月 17 日），頁 4。

〔註42〕楊勤業：《西藏地理》（北京：五洲傳播出版社，2002 年），頁 23。

〔註43〕楊勤業：《西藏地理》，頁 31。

〔註44〕楊勤業：《西藏地理》，頁 39。

可見西藏地勢高聳、氣候嚴冽。又以海拔過高，一般人若不適應甚至易患高山症，〔註46〕危及性命。此述種種，實具地理阻隔的條件。

綜觀交通與地理環境，實可輕易區別到達日、藏兩地的難易度。日本便利的交通與易居的地理環境，提供了悟光赴日的有利條件，或可影響悟光選擇赴日的考量之一。

第二節　高野山的研修與信仰風氣（1971～1972）

一、修行與研究的風氣

悟光 1971 年 6 月赴日本高野山，〔註47〕伊始高野山給予悟光的入學身分僅是旁聽生，並未直接接受悟光成為正式生，而後經一學期，由於悟光考試合格，因此專修學院的幹事向高野山金剛峰寺彙報悟光的學習狀況。於是寺方准許悟光以外國僧人身分成為正式生。〔註48〕悟光自言進入專修學院的時間與師資。其云：

> 這屆是廿九期，時我就拜門主宣雄和尚為師，引導師是目黑先生。
> 〔註49〕

由遍照尊院住職目黑隆幸作引導師，禮時任高野山專修學院院長的龜位宣雄為師，正式入院修學，為廿九期的正期生。有關龜位宣雄與目黑隆幸資料，筆者遍尋所得有限，五智山方面亦未留存有關二師的詳細介紹。僅知龜位宣雄隸屬高野山真言宗，僧階至大僧正。曾為高野山西室院住職，任第八代寶壽院門主暨專修學院院長。〔註50〕目黑隆幸隸屬高野山真言宗，僧階至大僧正。曾為高野山遍照尊院住職，2003 年任高野山第 504 世寺務檢校執行法印。〔註51〕

〔註45〕楊勤業：《西藏地理》，頁 36。

〔註46〕羅友倫：〈西藏旅遊與高山症〉，《臺灣醫界》第 53 號第 12 期（2010 年），頁 20。

〔註47〕釋徹定：《五智山光明王寺創建史略暨悟光金剛上師垂教錄》，頁 5。

〔註48〕釋悟光：〈滄桑回憶錄〉，釋悟光手稿。

〔註49〕釋悟光：〈滄桑回憶錄〉，釋悟光手稿。

〔註50〕關於高野山專修學院之介紹，可詳見「高野山大學·專修學院」之官方網站說明。檢索日期：2016 年 10 月 2 日。高野山大學·專修學院。網址：https://www.koyasan-u.ac.jp/faculty/offcampus_facilities/。

〔註51〕2017 年 4 月 27 日訪問五智山光明王寺釋徹遂。

【圖 4-2-1】供奉於五智山光明王寺的龜位宣雄大阿闍梨相片

資料來源：筆者攝於五智山光明王寺上師紀念堂。
翻攝日期：2017 年 4 月 26 日。

【圖 4-2-2】高野山遍照尊院前住職目黑隆幸

資料來源：筆者攝於五智山光明王寺典藏之相冊。
翻攝日期：2017 年 4 月 26 日。

【圖 4-2-3】目黑隆幸親筆墨寶落款第 504 世檢校法印大僧正隆幸

資料來源：筆者攝於五智山光明王寺上師紀念堂。
翻攝日期：2017 年 4 月 26 日。

【圖 4-2-4】目黑隆幸於 1999 年親訪五智山光明王寺

資料來源：筆者攝於五智山光明王寺典藏之相冊。
翻攝日期：2017 年 4 月 26 日。

　　根據悟光的阿闍梨認定證書，明確記載悟光在專修學院修學的幾個重要時間點：

【圖 4-2-5】高野山真言宗阿闍梨認定證書

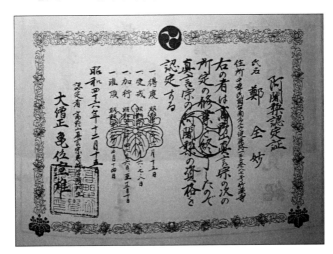

資料來源：釋悟光：《即身成佛觀》，高雄：派色文化，1991 年，無頁碼。

【表 4-2-1】悟光於高野山「專修學院」修持之日程表

修學階段	時　　　　間
得度	1971 年 6 月 15 日
受戒	1971 年 7 月 6、7、8 日
加行	1971 年 9 月 6 日至 12 月 10 日
灌頂	1971 年 12 月 14 日

資料來源：釋悟光：《即身成佛觀》，作者介紹頁；釋悟光：《生活禪》，作者介紹頁；釋悟光：
　　　　《心經思想蠡測》，作者介紹頁；釋徹定：〈悟光大阿闍梨略傳〉，《遍照之光》，1990
　　　　年 12 月 23 日，第 3 版。

　　專修學院正式修習眞言宗「阿闍梨」資格的流程，主要經過四個階段——「得度」、「受戒」、「加行」、「灌頂」。

　　「得度」在形式上由戒師傳授沙彌十戒，表度過生死、趨達涅槃之意，其後本山授與度碟，入高野山僧籍，可著法衣參與法式修行；「受戒」部分由於高野山不接受其他山門的戒碟，故欲入高野山修學並接受灌頂必須先在高野山受戒，爲期三天。

　　其後則是進入阿闍黎修持的至要階段——「加行」，〔註52〕最快約四個月左右可習畢一切儀軌，期間須修習「十八道」、「金剛界」、「胎藏界」、「護摩」等四大部份。〔註53〕而修持期間的規定嚴格。高野山真言宗的「加行」又分為三個階段，第一階段亦稱為「加行」，主要學習「常用經典」、「聲明」、「法式」、「布教」、「阿字觀」、「梵字悉曇」等項目。〔註54〕

　　華人僧侶釋真圓（1963～）曾赴高野山專修學院修持，歸納加行修持的心得，言及：「這裡的管理令人想起二戰時期的『集中營』，然而事後回想起來確實是對身心很好的磨練。」〔註55〕以「集中營」來形容，過程之艱辛可以想像。各種修持過程中所面臨的諸種磨練，如身體狀況負荷的極限、師僧教授的嚴格、法儀修持的要求、外在環境的嚴峻等多種狀況，從曾赴高野山進行此類修持的僧侶紀聞更屢可見及，各種艱辛過程實族繁不及備載。〔註56〕故在悟光的略傳中，有述其「嘗於零下20度之寒，一日修持達18小時之久。」〔註57〕修持之嚴苛，實可理解。

　　除了經歷了「阿闍黎」修持過程的艱辛，悟光略傳曾述及「時現其琉璃身，受該寺目黑大師之讚賞」。〔註58〕據徽定表示，「琉璃身」是修持密法出現法驗的其中一種情形，而悟光當時「現琉璃身」是旁人見及，事後方才告訴悟光，而目黑隆幸得知後亦認同悟光的修持應有相應。〔註59〕事實上，由於悟光在赴日以前，已在竹溪寺修行日久，期間亦曾修習藏密，而後六龜閉關，已曾經歷修行出現效驗之相，故悟光出現法驗，應是可以想像之事。

〔註52〕有關於「四度加行」詳細的修法儀軌與次第，可詳見中川善教：〈四度加行折紙の変遷〉，《密教文化》第 39 期（1957 年），頁 1～10。

〔註53〕有關加行過程所修法儀與次第，可詳見大山公淳：〈中院流十八道次第の研究（上）〉，《密教文化》第 27 期（1954 年），頁 1～16；大山公淳：〈中院流十八道次第の研究（中）〉，《密教文化》第 28 期（1954 年），頁 9～24；大山公淳：〈中院流十八道次第の研究（下）〉，《密教文化》第 29 期（1955 年），頁 29～43。

〔註54〕有關修習項目，可詳見「高野山大學」之官方網站「僧侶資格と修行」之部分。檢索日期：2016 年 10 月 4 日。高野山大學‧僧侶資格と修行。網址：http://www.koyasan-u.ac.jp/career/monk/。

〔註55〕釋真圓：《名家之唐密淵流》，頁 253。

〔註56〕舉如釋成觀：《我的學密歷程》，頁 11～326；釋真圓：《名家之唐密淵流》，頁 200～305 等紀聞皆有高野山四度加行修持嚴格的記載。

〔註57〕釋徽定：〈悟光大阿闍黎略傳〉，《遍照之光》（1990 年 12 月 23 日），第 3 版。

〔註58〕釋徽定：〈悟光大阿闍黎略傳〉，《遍照之光》（1990 年 12 月 23 日），第 3 版。

〔註59〕2016 年 8 月 27 日訪問五智山光明王寺釋徽定。

【圖 4-2-6】悟光與諸位同學於專修學院護摩堂

資料來源：筆者攝於五智山光明王寺典藏之相冊。
翻攝日期：2017 年 4 月 26 日。

【圖 4-2-7】悟光與高野山專修學院同學合影（悟光為中排右 3）

資料來源：筆者攝於五智山光明王寺典藏之相冊。
翻攝日期：2017 年 4 月 26 日。

　　修學大阿闍梨尚需進入「勸學會」研習。該會是高野山僧侶學習及修練之進階道場。若能從「勸學會」結業者，方可灌頂「大阿闍梨」法位，才具晉任僧正之資格。〔註 60〕該會行事與作風保守嚴謹，一般人難以窺見其行事

〔註60〕高野山真言宗僧階分為 16 階 4 大類，其類別由低而高為「教師補試」、「律

內涵與研修細節。即便爲高野山僧侶者，若無資格進入「勸學會」修學者，亦大多對其內容所知罔聞。〔註61〕

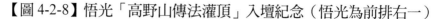

【圖4-2-8】悟光「高野山傳法灌頂」入壇紀念（悟光為前排右一）

資料來源：筆者攝於五智山光明王寺典藏之相冊。翻攝日期：2017 年 4 月 26 日。

「勸學會」不同於「專修學院」重於法儀實務操作。勸學會所著重的修學在於經典思想的辯論與思考。例如該會最重要的其中一項行事爲每年農曆 6 月 9 日至 11 日間舉行的「內談議」與「御最勝講」。〔註62〕是透過法義的學習與辯論來討論佛典的思想內涵與呈現自身的學識修養。遺憾的是，悟光這段學習經歷的資訊幾乎闕聞，即使在悟光親著的〈滄桑回憶錄〉也寥寥無幾。僅能從門人徹定、徹邃與徹鴻的口述，得知悟光當年入高野山修學正逢辯經法會，故能參與辯經。〔註63〕此外，尚能確定的是，悟光通過法義辯論合格

師」、「僧都」、「僧正」。有關高野山眞言宗僧階行事可詳見大山公淳：《高野山学修灌頂修行記》（和歌山：高野山大学密教研究會，1931 年），頁 165～170。

〔註61〕有關「勸學會」之制度可詳見大山公淳：《高野山学修灌頂修行記》，頁 171～181；山岸榮岳、土生川正道：《中院流初心行者樣指南》（和歌山：高野山大学学生部，1994 年），頁 42～50。

〔註62〕藤田光寬：〈高野山の年中行事〉，收入高野山大学選書刊行会編：《第一卷　高野山と密教文化》（東京：小学館スクウェア，2006 年），頁 57～58。

〔註63〕2016 年 8 月 27 日訪問五智山光明王寺釋徹定；2017 年 4 月 26 日訪問五智山

結業受灌頂「大阿闍梨」位，〔註64〕1983 年受授「少僧正」之位階，同年並受賜僧正階之「紫色衣」。

【圖 4-2-9】悟光「少僧正」證書

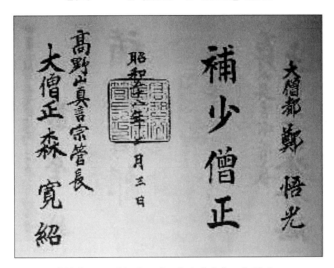

資料來源：釋悟光：《即身成佛觀》，無頁碼。

【圖 4-2-10】悟光允披「紫色衣」證書

資料來源：釋悟光：《即身成佛觀》，無頁碼。

光明王寺香港分院釋徹鴻；2017 年 4 月 26 日訪問五智山光明王寺釋徹遂。
〔註64〕黃英傑：《民國密宗年鑑》（臺北：全佛文化，1995 年），頁 150。

　　筆者透過勸學會研修書目的記載與信仰風氣的推判，試圖勾勒「勸學會」與高野山的修學風氣，試見悟光在高野山時所經歷的氛圍。

　　儒學耆碩仁井田好古（1769～1848）主編的《紀伊續風土記第四輯》在該輯收錄了高野山勸學會大約在 13 世紀末的研修書目。另外，密教學者水原堯榮（1890～1965）〔註65〕於 1935 年所著〈高野山の勸學制度に就て〉，針對當時「勸學會」的行事制度與研修書目進行整理。

【表 4-2-2】《紀伊續風土記第四輯》所載學習書目

書　　名		種　　類
《大日經》		佛教經典
《金剛頂經》		佛教經典
《蘇悉地經》		佛教經典
作　　者	書　　名	種　　類
釋善無畏述，釋一行記	《大日經住心品疏》	祖師著述
釋空海	《即身成佛義》	祖師著述
釋空海	《聲字實相義》	祖師著述
釋空海	《吽字義》	祖師著述
釋空海	《辨顯密二教論》	祖師著述
釋空海	《秘藏寶鑰》	祖師著述
釋空海	《般若心經秘鍵》	祖師著述
龍猛著，釋不空譯	《菩提心論》	祖師著述
龍樹著，釋筏提摩多譯	《釋摩訶衍論》	祖師著述

資料來源：仁井田好古主編：《紀伊續風土記第四輯》（東京：帝国地方行政会出版部，1910～1911 年），頁 96～98。

　　水原堯榮時代（1935）的勸學會書目，已無屬佛典的《大日經》、《金剛頂經》、《蘇悉地經》及論疏《大日經住心品疏》、《菩提心論》、《釋摩訶衍論》，僅剩下空海撰著的《即身成佛義》、《聲字實相義》、《吽字義》、《辨顯密二教論》、《秘藏寶鑰》、《般若心經秘鍵》與《發菩提心論》。可見 13 世紀至 1935 年，勸學會的書目的改變，漸以空海的著作為主軸。

〔註65〕水原堯榮，真言宗僧侶、學者。師事高野山親王院水原弘榮，1958 年任高野山真言宗管長、高野山金剛峰寺座主，專精於法儀、歷史、書誌學研究。

【表 4-2-3】水原堯榮時代（1935）的勸學會研修書目

作　者	書　名	種　類
釋空海	《般若心經秘鍵》	祖師著述
釋空海	《即身成佛義》	祖師著述
釋空海	《聲字實相義》	祖師著述
釋空海	《吽字義》	祖師著述
釋空海	《辯顯密二教論》	祖師著述
釋空海	《秘藏寶鑰》	祖師著述
天親著，鳩摩羅什譯	《發菩提心論》	祖師著述

資料來源：水原堯榮：〈高野山の勸学制度に就て〉，《密教研究》第 56 期（1935 年），頁 17。

　　至於 1935 年以後的勸學會書目，筆者尚無見到相關之研究，僅能見得 1994 年的研學書目。雖有時間的跨距，仍可見到兩禎書目的著作所差無幾，尤其是空海的著作完全沒有變動。僅 1994 年的書目多出《大日經住心品疏》與《釋摩訶衍論》。《大日經住心品疏》是東密根本經典之一，《釋摩訶衍論》在《紀伊續風土記第四輯》就已有記載，兩類典籍皆是眞言密教的共法，所用書籍無疑仍在密教範圍。大致看來，勸學會的書目似有偏重空海思想的趨勢。

【表 4-2-4】1994 年後「勸學會」的研修書目

作　者	書　名	類　別
釋空海	《即身成佛義》	祖師著述
釋空海	《聲字實相義》	祖師著述
釋空海	《吽字義》	祖師著述
釋空海	《辨顯密二教論》	祖師著述
釋空海	《秘藏寶鑰》	祖師著述
釋空海	《般若心經秘鍵》	祖師著述
釋善無畏述，釋一行記	《大日經住心品疏》	祖師著述
天親著，鳩摩羅什譯	《發菩提心論》	祖師著述
龍樹著，釋筏提摩多譯	《釋摩訶衍論》	祖師著述

資料來源：山岸榮岳、土生川正道：《中院流初心行者樣指南》（和歌山：高野山大学学生部，1994 年），頁 29～454；水原堯榮：〈法談論議について〉，《密教研究》第 30 期，1928 年，頁 83～104；水原堯榮：〈高野山の勸学制度に就て〉，《密教研究》第 56 期，1935 年，頁 17～18；栂尾祥雲：〈高野山教学史一斑〉，《密教研究》第 60 期，1936 年，頁 3～28。

　　固然無法斷定 1971～1972 年間，悟光研修的詳確書目爲何？然透過書目重心的觀察，可以察知除了東密基本的佛典與祖師論著之外，其餘全以高野山眞言宗開宗祖師空海的密教著述爲主。勸學會的研修隱然有傾重空海思想的態勢。高野山自空海請敕爲密教根本道場以來，空海作爲東密眞言一宗的開祖，歷來論東密學說皆以空海之論爲基礎，〔註 66〕勸學會縱使書目有所遷移，學問核心當不至於超出空海學說之外。

　　從書目變遷的脈絡來看，高野山勸學會從 1935 年至 1994 年以空海的密教著作爲核心，宗其思想。空海在傳承系譜與思想體系的地位，無疑在東密定於一尊，各派尊爲宗祖。〔註 67〕故空海著作在東密，在被視爲空海根本道場的高野山受到重視是可以理解之實。

　　總體來說，悟光在高野山期間所接觸的密教教學風氣，是有股以空海爲核心的態勢。由於高野山眞言宗從日本平安時代即逐漸形成「南山學派」，這是經由歷代高野山諸僧碩學所凝聚成的學統，從「教主」、「教體」、「修行」、「根基」、「菩提心」等議題突顯其空海以來的祖師舊說爲主的風氣。該學風在高野山長久歷史中形成一大學思背景。〔註 68〕

　　另關於高野山學術研究的發展，近代日本自明治維新後，進入前所未有的西化改革，高野山作爲日本密教的重要道場之一自不可免於這股強勢的時局變遷，而密教的教學環境，也隨西化之進程而邁開新步，〔註 69〕開始使用歐美學術的模式研究佛教，〔註 70〕高野山自明治時期起就有眞言密教諸位僧侶爲密教教學與研究而孜矻不倦，有關研究密教的論述與編纂密教祖師文集

〔註66〕　龜山隆彥：《密教思想の日本的展開：即身成仏を中心に》（京都：龍谷大學文學博士論文，2013 年），頁 222。

〔註67〕　藤井正雄：《うちのお寺は眞言宗》（東京：双葉社，2007 年），頁 24～25。

〔註68〕　有關南山學派的特質與內涵，可詳見大北善照：〈南山学派と東寺学派〉，《密教研究》第 20 期（1926 年），頁 47～56；大北善照：〈南山学派と東寺学派（二）〉，《密教研究》第 21 期（1926 年），頁 69～95；大北善照：〈南山学派と東寺学派（三）〉，《密教研究》第 22 期（1926 年），頁 61～86；大北善照：〈南山学派と東寺学派（四）〉，《密教研究》第 23 期（1926 年），頁 91～114。

〔註69〕　西嶋和夫：〈日本仏教と明治維新〉，《印度學佛教學研究》第 46 期（1998 年），頁 824～825。

〔註70〕　有關日本佛教研究受西化的影響，可詳見西嶋和夫：〈日本仏教と明治維新〉，《印度學佛教學研究》第 46 期（1998 年），頁 826；蓑輪顯量：〈日本佛教研究的現狀與課題〉，《佛光學報　新一卷》第 1 期（2015 年），頁 152。

的出版工作陸續進行，〔註 71〕而後，高野山專責於密教研究的機構成立於
1943 年，如金山穆韶（1875～1958）、栂尾祥雲（1881～1953）等碩學皆爲該
機構負責人，累積不少研究成果。〔註 72〕悟光到達高野山的 4 年前（1967），
該機構改組爲「高野山密教文化研究所」，由中野義照（1891～1977）晉任首
屆所長，密教研究譜開新局。〔註 73〕是故，從高野山數十年來、一連串振興
密教研究的作風觀察，〔註 74〕可知高野山體系的密教教學與研究資源當十分
完善，從事密教學問的鑽研亦有其傳統與氛圍。這樣傳統思想與西式學術兼
具的學風，可說是悟光到達高野山時可接觸到的密教學風。而悟光經歷專修
學院、勸學會等密教修持與研修的單位，當可期待能受這股濃厚學術氛圍的
風行草偃。〔註 75〕

二、信仰空海的風氣

　　近代以來高野山崇重空海的信仰氛圍亦十分濃厚，對於高野山的弟子而
言祖師與山門的關係密切。〔註 76〕從信仰來說，空海眞身入定的所在地奧之
院至今仍安座在高野山境內，密教學者日野西眞定〈奧院勤行之事〉〔註 77〕
一文記載，高野山僧侶需依照「奧院勤行」供奉、禮敬、修法，一年四季皆
有固定時程之法式須執行，面對眞言宗開祖空海，宗徒對祖師的一切法式恭
敬勤謹、不敢怠慢，重視空海的氛圍一直持續著。

〔註71〕大山公淳：〈近世日本密教教學史（上）　特に室町時代以降〉，《密教文化》
　　　　第 9 期（1950 年），頁 21～36。

〔註72〕大山公淳：〈近世日本密教教學史（上）　特に室町時代以降〉，《密教文化》
　　　　第 9 期（1950 年），頁 21～36。

〔註73〕有關高野山密教研究機構之歷史，可參照高野山密教文化研究所官方網站
　　　　「密教文化研究所」。檢索日期：2016 年 10 月 20 日。「密教文化研究所・沿
　　　　革」官方網站。網址：https://www.koyasan-u.ac.jp/laboratory/history/。

〔註74〕大山公淳：〈近世日本密教教學史（上）　特に室町時代以降〉，《密教文化》
　　　　第 9 期（1950 年），頁 21～36。

〔註75〕關於高野山眞言宗的教學歷史與情況，可詳見栂尾祥雲：〈高野山教學史一
　　　　斑〉，《密教研究》第 60 期（1936 年），頁 1～28；大山公淳：〈近世日本密教
　　　　教學史（上）　特に室町時代以降〉，《密教文化》第 9 期（1950 年），頁 21
　　　　～36；甲田宥吽：〈宝寿二門の中院流──事相と教相の関わり〉，《密教文化》
　　　　第 139 期（1982 年），頁 27～42。

〔註76〕有關空海與高野山的密切關係，可詳見松永有見：〈弘法大師と高野山〉，《密
　　　　教研究》第 51 期（1933 年），頁 308～314。

〔註77〕日野西眞定：〈奧院勤行之事〉，《密教文化》第 161 期（1988 年），頁 63～84。

　　從這些跡象看來，空海在高野山的神聖地位特被高舉，無論是學風之所趨或是信仰之所向，宗徒尊崇祖師的氛圍濃厚。〔註78〕高野山僧侶對於祖師空海的崇敬，〔註79〕來自於空海赴唐學密受法傳承的正當性，〔註80〕復加上後世流傳有空海生命歷程各種富有神話色彩的傳說〔註81〕等種種因素，高野山尊崇空海、信仰空海的風氣興盛。

　　因此，悟光所處的高野山立基於崇敬空海的信仰風氣與古來傳承的南山學統，如「專修學院」、「勸學會」等，於法儀傳授與修習皆有嚴格遵古的文化，〔註82〕以至於近代以來西化的學術研究也都持續地建構高野山的東密學統，因此，高野山的密教學風可謂今古並陳、體系完整，有其完善的東密傳統。

第三節　東密傳統對悟光的影響

一、譯著、思想與教學

　　悟光自高野得法以後，傳持東密。自此皈向東密傳統，其中從其譯著、思想與教學的態度即可見得。

　　譯著方面，舉如譯述了釋賴瑜《眞言密教即身成佛義顯得鈔》、權田雷斧《眞言密教聞中記》、佐伯興人《秘密佛教護摩》、栂尾祥雲《密教思想と生活》、栂尾祥雲《読本　教義篇》、栂尾祥雲《眞言宗読本　宗史篇》、栂尾祥雲《眞言宗読本　実修篇》等書，皆是眞言密教碩學的著作，就可以想見悟光在高野山的期間，很可能受到學思方面重大的影響。尤其明顯的是，翻譯了許多栂尾祥雲（1881～1953）的著作，並對於栂尾氏所著《密教思想と生

〔註78〕悟光入學的「專修學院」與「勸學會」，學習內容有關於學問的法儀學習與法義辯論，有關於宗教修持的法式修練與儀軌修習，是故高野山學問與信仰方面崇敬空海的氛圍應該都是悟光所感受得到的。
〔註79〕村上保壽：〈はじめに〉，收入村上保壽等著：《空海・高野山の教科書》（東京：柤出版社，2013年），頁5。
〔註80〕村上保壽等著：《空海・高野山の教科書》，頁30。
〔註81〕村上保壽等著：《空海・高野山の教科書》，頁16～46。
〔註82〕高野山眞言宗文化有強烈的遵古傳統，密教的修持一切事項，皆遵從古來該宗派密教大德所傳授內容，有關密教法儀之內容嚴格保持原貌，在可更動與不可更動的分際上極為嚴謹。有關高野山的遵古文化，可詳見大山仁快：〈高野山現存の古聖教〉，《印度學佛教學研究》第15期（1966年），頁776～779；釋成觀：《我的學密歷程》，頁144；釋眞圓：《名家之唐密淵流》，頁250。

活》一書崇奉有加，認爲是盡指密教思想精神之佳作，普勸密教行者必須詳讀該書，甚至是爲即身成佛的指要，〔註83〕對於栂尾祥雲著作的推崇無以復加。這幾乎是全面的相信了栂尾祥雲的密教觀點，並頗有就以譯述栂尾祥雲這本著作，來作爲密教概論的寓意。

　　栂尾祥雲是高野山密教研究所第二任的所長，注重於東密傳統思想與密教精神的生活化，是高野山首批從歐洲研究歸日的學者，亦爲高野山大僧正，在高野山學術地位尊崇。〔註84〕從栂尾祥雲的地位，可以想見悟光會尊崇他的原因，這與栂尾氏在高野山的影響力應有相當之關係。

　　思想方面，亦有依循東密傳統之處。如悟光在譯述《密教思想與生活》一書時，即在〈譯序〉言及曼荼羅即象徵了密教精神。〔註85〕表達悟光對於密教宗旨的認知。

　　事實上，東密開祖空海除定名所立密教本宗之名爲「眞言宗」之外，亦稱自宗爲「祕密曼荼羅教」、「祕密曼荼羅法教」、「大曼荼羅法教」等。〔註86〕此後，東密所傳基本承續此義，舉如小野流祖師釋成尊（1012～1074）《眞言付法纂要抄》：「上遊四王自在處、下入海中龍宮，誦持所有一切法門。遂則入南天鐵塔中，親受金剛薩埵灌頂。誦持此祕密最上曼荼羅教、流傳人間」；〔註87〕廣澤流名耆釋濟暹（1025～1115）在《弁顯密二教論懸鏡抄》：「如是法身智身二種色相、平等平等遍滿一切眾生界一切非情界，常恒演說眞實語如義語曼荼羅法教。彼曼荼羅教者：金剛頂瑜伽十萬頌經等是也」；〔註88〕東寺法匠釋杲寶（1306～1362）在《大日經疏演奧鈔》：「又眞言教名曼荼羅教也。蓋今此經疏意，只以阿字爲大曼荼羅王，所謂心王大日故也已。」〔註89〕這些東密著名流派的法嗣連接了密教法義與曼荼羅的關係，皆不約而同以密教爲曼荼羅教，認爲密教法義之全體與至要，皆在曼荼羅。以至於當代東密

〔註83〕栂尾祥雲著，釋悟光譯：〈譯者自序〉，《密教思想與生活》，頁1。

〔註84〕大山公淳：〈碩学故栂尾祥雲博士を追憶す〉，《密教文化》第24期（1953年），頁1～2。

〔註85〕釋悟光：〈譯者自序〉，收入栂尾祥雲著，釋悟光譯：《密教思想與生活》，頁1。

〔註86〕舉如空海所著《祕密曼荼羅十住心論》、《祕藏寶鑰》、《辨顯密二教論》、《即身成佛義》、《聲字實相義》、《大和尚奉爲平安城太上天皇灌頂文》、《三昧耶戒序》、《五部陀羅尼問答偈讚宗祕論》等文，皆稱密教爲曼荼羅教。

〔註87〕〔日〕釋成尊：《眞言付法纂要抄》，收入《大正藏》第77冊，頁416。

〔註88〕〔日〕釋濟暹：《弁顯密二教論懸鏡抄》，收入《大正藏》第77冊，頁424。

〔註89〕〔日〕釋杲寶：《大日經疏演奧鈔》，收入《大正藏》第59冊，頁347。

【圖 4-3-1】東密胎藏曼荼羅（元祿本）

資料來源：栂尾祥雲著，高洪、辛漢威譯：《曼荼羅之研究》，
香港：志蓮淨苑文化部，2015年，頁148。

【圖 4-3-2】東密金剛界曼荼羅（元祿本）

資料來源：栂尾祥雲著，高洪、辛漢威譯：《曼荼羅之研究》，
頁262。

耆宿如金山穆韶（1875～1958）、栂尾祥雲（1881～1953）、村上保壽（1941
～），〔註90〕顯然都以曼荼羅爲東密至要。

　　悟光除表達曼荼羅爲密教（東密）精神以外，也著《即身成佛觀》。〔註91〕
討論胎藏與金剛界「曼荼羅」的意義、結構與思想所呈現的法界體性與修行
之路，揭示胎藏曼荼羅表徵法界之理與金剛界曼荼羅表徵法界之智。並且細
察其所探討的曼荼羅樣式、金剛、胎藏二界曼荼羅的次第、表義，亦遵循東
密之說。如胎藏則以中台八葉院爲中心，旁立金剛手、遍知、觀音、持明、除
蓋障、釋迦、地藏、虛空藏、文殊、蘇悉地、外金剛部等 11 院圍繞而成。前
後四重，左右三重，凡 12 院，計 414 尊。〔註92〕金剛界則立羯磨、供養、四
印、一印、理趣、降三世、降三世三昧耶、三昧耶、微細等 9 會，主尊凡 37
尊，共其餘諸尊則計 1461 尊。〔註93〕

　　《即身成佛觀》體現了悟光對於東密曼荼羅的重視與依循。如法嗣徽定
即言悟光密教思想的主軸就是東密曼荼羅，〔註94〕徹遂也云悟光的曼荼羅思
想即承傳東密傳統而闡。〔註95〕這種重視曼荼羅的傾向旁人也可見及，熟識
悟光的友人釋明復（1914～2005）依其對於悟光思想的理解，亦說「（悟光）
上師依密宗源徹的理論，以『曼荼羅創作』的秘意，來解析『觀世音菩薩』、
『軍荼利明王』。」〔註96〕

　　綜上所云悟光重視與運用曼荼羅思想的軌跡，都可見及其受東密影響所
及。而門人徽定、徹遂、徹鴻也肯定表示，悟光就是傳持東密傳統思想，無
論其所論曼荼羅，或各種密教思想的源底，皆是承東密傳統之說而闡。〔註97〕
悟光亦提點弟子必須需研讀東密重要佛典，舉如《大毘盧遮那成佛神變加持

〔註90〕有關當代東密耆宿以曼荼羅爲密教精神的內容，可詳見栂尾祥雲著，高洪、辛
　　　漢威譯：《曼荼羅之研究》（香港：志蓮淨苑文化部，2015 年），頁 3；金山穆韶、
　　　柳田謙十郎：《日本眞言の哲学》（東京：大法輪閣，2008 年），頁 29；栂尾祥
　　　雲著，釋悟光譯：《密教思想與生活》，頁 134～135；村上保壽：〈空海の思想と
　　　曼荼羅〉，《高野山大学密教文化研究所紀要》，第 10 號（1997 年），頁 2～3。
〔註91〕釋悟光：《即身成佛觀》（高雄：派色文化，1991 年）。
〔註92〕釋悟光：《即身成佛觀》，頁 16。
〔註93〕釋悟光：《即身成佛觀》，頁 33。
〔註94〕2016 年 11 月 25 日訪問五智山光明王寺釋徽定。
〔註95〕2017 年 4 月 17 日訪問五智山光明王寺釋徹遂。
〔註96〕釋明復：〈序〉，收入釋悟光：《上帝之選舉》，頁 19。
〔註97〕2016 年 8 月 27 日訪問五智山光明王寺釋徽定；2017 年 4 月 17 日訪問五智山
　　　光明王寺釋徹遂；2016 年 4 月 26 日訪問五智山光明王寺香港分院釋徹鴻。

【圖 4-3-3】依循東密的胎藏曼荼羅（悟光著作版）

資料來源：釋悟光：《即身成佛觀》，曼荼羅圖片無頁碼。

【圖 4-3-4】依循東密的金剛界曼荼羅（悟光著作版）

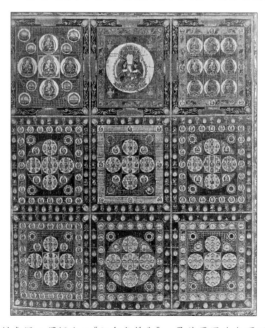

資料來源：釋悟光：《即身成佛觀》，曼荼羅圖片無頁碼。

經》、《金剛頂一切如來眞實攝大乘現證大教王經》、《般若理趣經》等典籍，
另祖師空海的著作也爲至要。〔註98〕

　　此外悟光亦常言空海的精神、東密的精神。開示弟子修行不僅於壇城修
法，更需將實修之心得落實於生活中，強調社會方爲大道場。並以空海爲例，
說明空海雖爲密教祖師，儀軌經典修持甚深，然亦上度王公貴族、鎭護國家；
下化黎民百姓，曾修造萬濃池，解洪水之難。顯見其活現一切眞理、無限生
命的修行落實。〔註99〕

　　悟光更於 1989 年，率領弟子赴日本四國遍路行腳約半月餘。四國遍路是
以東密開祖空海曾於四國修行的八十八所寺院爲巡禮朝拜的聖地。對於東密
信仰或空海信仰的門徒而言，朝禮八十八靈場，代表追尋空海的步履修行，
藉由行走遍路，重尋祖師修行證悟的軌跡，因此蒙受空海的加持而契修驗，
進而與祖師證覺的境界同在，可知四國遍路在信仰上的重要意義。〔註100〕

　　臺灣在日治時期亦有移植日本靈場巡禮信仰之例。舉如臺北新四國八十
八所靈場、臺北西國三十三所靈場，位於基隆的西國三十三所觀音靈場，位
於新竹的三十三所觀音靈場等，都是具代表性的地方靈場。〔註101〕其中臺北
新四國八十八所靈場就是移植於日本四國的遍路靈場，在臺的巡禮起點始於
第 1 番臺北市弘法寺，終於第 88 番北投鐵眞院。〔註102〕透過這些日本靈場移
植臺灣的紀錄，可以見得日本佛教盛行的靈場巡禮文化。藉此亦能體會遍路
巡禮對於眞言宗信徒或空海信仰者的宗教意義。

　　至於悟光法嗣徹定也透露出曼荼羅思想的痕跡。如徹定就有一篇曾發表
於《逢甲大學普覺佛學研究社邁向五十週年紀念特刊》的文章〈曼荼羅攝廣
爲略義釋〉。然此刊遍尋未得，國家圖書館亦未收藏，據徹定言是社團內部自
印的刊物。〔註103〕後承蒙徹定法師惠賜手稿，方得一見內涵。

〔註98〕2017 年 4 月 17 日訪問五智山光明王寺釋徹遂。
〔註99〕2017 年 4 月 17 日訪問五智山光明王寺釋徹遂。
〔註100〕森正人：〈遍路道にみる宗教的意味の現代性　道をめぐるふたつの主体の活
　　　　動を中心に〉，《人文地理》第 53 期（2001 年），頁 175～177。
〔註101〕林承緯：《宗教造型與民俗傳承──日治時期在臺日人的庶民信仰世界》（臺
　　　　北：藝術家出版社，2012 年），頁 53。
〔註102〕林承緯：《宗教造型與民俗傳承──日治時期在臺日人的庶民信仰世界》，頁
　　　　54～55。
〔註103〕2016 年 8 月 27 日訪問五智山光明王寺釋徹定。

【圖4-3-5】悟光率弟子巡禮四國遍路集得八十八靈場御朱印

資料來源：筆者攝於五智山光明王寺上師紀念堂。
翻攝日期：2017 年 4 月 26 日。

　　徵定該文以東密前賢釋覺超（960～1034）《東曼荼羅抄別卷》之要義撰述而成。〔註104〕徵定亦言此文可涵蓋東密曼荼羅內涵之奧旨，其從東密佛典的「發生義」〔註105〕、「眾集義」及「具種種德義」，〔註106〕點明曼荼羅要義。進次從「人曼荼羅」、「法曼荼羅」兩大面向層層論述曼荼羅所徵義理。

　　筆者訪談時，徵定也重述東密曼荼羅思想的主軸。並且提及空海《祕密曼荼羅十住心論》即從密教曼荼羅心性開顯之義而述。並囑細讀栂尾祥雲《密教思想與生活》一書，方能掌握東密要旨。這種態度與悟光推崇《密教思想

〔註104〕釋徵定：〈曼荼羅攝廣爲略義釋〉，釋徵定手稿。
〔註105〕〔唐〕釋善無畏、釋一行譯：《大毘盧遮那成佛神變加持經》，收入《大正藏》第 18 冊，頁 5。
〔註106〕〔唐〕釋善無畏述，釋一行記：《大毘盧遮那成佛經疏》，收入《大正藏》第 39 冊，頁 626。

與生活》爲盡洩密教精神的想法頗爲一致。〔註107〕徹定曾開示云：

> 如果懂得佛法，我們的事事物物那都是一種曼荼羅，在我們密法理面
> 說「五大皆有響」，五大就是五佛，其所揭露出的是如來體性裡面
> 的各各諸尊的曼荼羅，諸尊的佛、諸尊的菩薩，就在如來體性裡面，
> 如來體性就在每一個人的心中。〔註108〕

又云：

> 我們的大師——弘法（空海）大師——教戒我們的。教戒什麼？他
> 說：「五大皆有響」……「十界具語言」……「六塵悉文字」……這
> 些五大、這些十法界、這些六塵，通通都是法聲的實相，通通都有
> 如來的體性。〔註109〕

不僅言曼荼羅，亦闡空海所言的密教內涵，據以開示信眾。顯然悟光受東密
傳統的影響不僅在其譯著、思想，也呈現在遍路巡禮、對門徒的叮囑等行，
更傳遞至門徒身上，影響其密教認知。

二、道場建築的設計

悟光 1972 年於高野山得法證位，曾於金剛峰寺發願，令使東密教法流布
臺灣，重興密教開元重光。〔註110〕徹遂表示當時醍醐派曾經邀請悟光居留日
本，然悟光以欲持密法返臺布教之願謝絕美意。〔註111〕自返臺以來，悟光持
續尋找適合的場地弘法，更希冀能有完善寶地墾建眞言密教的梵刹基地。
〔註112〕悟光首先駐錫於竹溪寺自建之精舍，復轉鸞堂龍山內院，後受贈內院
改爲東密道場。由於場地偏狹，信眾日增，故又往高雄等處開闢弘法據點。
曾於美濃等處觀鑑、墾闢道場，皆因交通、地理與人事等條件不兼具足，創
立總本山之事始終未定。〔註113〕終經多方輾轉，1982 年於高雄的旗山與內門
交界之處，覓得五智山光明王寺現地作爲總本山道場，1984 年開始本山建設

〔註107〕2016 年 8 月 26 日訪問五智山光明王寺釋徹定；2016 年 11 月 25 日訪問五智
　　　　山光明王寺釋徹定。
〔註108〕釋徹定：《心鼓——喚醒本有的如來體性》（高雄：五智山光明王寺，2012
　　　　年），頁 14。
〔註109〕釋徹定：《心鼓——喚醒本有的如來體性》，頁 3～4。
〔註110〕釋徹定：《五智山光明王寺創建史略暨悟光金剛上師垂教錄》，頁 7。
〔註111〕2017 年 4 月 26 日訪問五智山光明王寺釋徹遂。
〔註112〕釋徹定：《佛教眞言宗五智山光明王寺》，頁 76。
〔註113〕釋悟光：〈滄桑回憶錄〉，釋悟光手稿。

工程，1990 年興建光明王寺大殿，1999 年大殿竣工。〔註114〕而光明王寺的大殿則爲全山的主體建築，〔註115〕參見圖 4-3-6：「五智山光明王寺大殿」。

【圖 4-3-6】五智山光明王寺大殿

資料來源：筆者攝於五智山光明王寺。攝影日期：2017 年 4 月 26 日。

　　徹鴻與徹遂表示，光明王寺大殿建築是由悟光親自設計。〔註116〕在大殿的設計當中，融入五大元素——地、水、火、風、空，即是東密五輪塔之理念。〔註117〕

　　舉如大殿下層之建築呈現方形表地，上層萬佛寶塔之圓形表水，大殿塔頂成三角形表火，大殿塔頂立柱基石之半圓月形表風，大殿塔頂立柱頂端之寶珠形表空。如此合爲大殿設計之主要元素。

　　舉如東密儀軌《尊勝佛頂脩瑜伽法儀軌》即載地、水、火、風、空相應方、圓、三角、半月、寶珠等形。〔註118〕當代東密學者松長有慶介紹東密五輪塔之五大時，也如此說明：「五大——地、水、火、風、空，……，相對應的形狀是方、圓、三角、半月、寶珠，五輪塔的構造，就完全依此而來。」〔註119〕

〔註114〕釋徹定：《五智山光明王寺創建史略暨悟光金剛上師垂教錄》，頁 17。
〔註115〕釋徹定：《五智山光明王寺創建史略暨悟光金剛上師垂教錄》，頁 19～20。
〔註116〕2016 年 4 月 26 日訪問五智山光明王寺釋徹遂；2016 年 4 月 26 日訪問五智山光明王寺香港分院釋徹鴻。
〔註117〕2016 年 4 月 17 日訪問五智山光明王寺釋徹遂。
〔註118〕〔唐〕釋善無畏著：《尊勝佛頂脩瑜伽法儀軌》，收入《大正藏》第 19 冊（東京：大藏經刊行會，1924～1935 年），頁 369。
〔註119〕松長有慶著，吳守綱譯：《密教：東方智慧的崛起》，頁 140。

【圖 4-3-7】大殿下層建築呈現方形

資料來源：釋徹定：《佛教真言宗五智山光明王寺》，頁 47。

【圖 4-3-8】大殿上層圓柱形之萬佛寶塔

資料來源：筆者攝於五智山光明王寺。攝影日期：2017 年 4 月 26 日。

【圖 4-3-9】大殿塔頂成三角形表火，塔頂立柱基石之半圓月形
表風，塔頂立柱頂端之寶珠形表空

資料來源：筆者攝於五智山光明王寺。攝影日期：
2017 年 4 月 26 日。

【圖 4-3-10】五輪塔

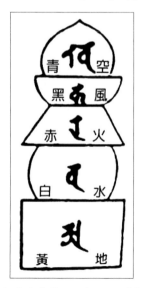

資料來源：松長有慶著，吳守綱譯：《密教：東方智
慧的崛起》，頁 140。

　　再者，關於光明王寺大殿設計為塔形，也與東密傳統有關。悟光推崇的栂尾祥雲《密教思想與生活》一書就曾明言，密教精神之傳承在於塔婆。其云：「三昧耶曼荼羅中的根本佛──『大日如來』之眞精神，是用什麼來象徵呢？即是如圖之『蓮臺上橫置五股金剛杵，其上繪塔形』」，〔註120〕參見圖4-3-11：「蓮臺上橫置五股金剛杵與塔形」。

【圖4-3-11】蓮臺上橫置五股金剛杵與塔形

資料來源：栂尾祥雲著，釋悟光譯：《密教思想與生活》，頁21。

　　這種模仿塔婆而設計的塔院，在高野山也可見其例。如金剛三昧院多寶塔、壇上伽藍的根本大塔等皆是。尤其根本大塔內有立體曼荼羅，供奉密教教主大日如來及四方四佛。該塔立於空海所構想，完成於其法嗣釋眞然（？～891）所建造的核心聖地──壇上伽藍。〔註121〕塔名「根本」，其重要性自不待言，可見於塔形對於東密的意義。

〔註120〕栂尾祥雲著，釋悟光譯：《密教思想與生活》（高雄：派色文化，1998年），頁21。
〔註121〕村上保壽等著：《空海・高野山の教科書》，頁122。

【圖4-3-12】高野山金剛三昧院多寶塔

資料來源：高野山大学選書刊行会編：《第一卷　高野山と密教文
化》，東京：小学館スクウェア，2006年，頁12。

【圖4-3-13】高野山壇上伽藍根本大塔

資料來源：村上保壽等著：《空海・高野山の教科書》，頁126。

　　悟光設計大殿的外型結構，關涉東密傳統的五輪塔「五大」元素及代表密教精神的塔婆。顯示悟光歷經高野山的東密修學，所受影響也反映在返臺後開山建寺的層面。

　　五智山光明王寺的創建與完竣，基於前述悟光在日得法後，切念歸臺布教，1972 年返臺旋即弘密的態度，可見其對傳播東密的迫切願望。從悟光的生命歷程而言，道場落成實表徵弘揚東密教法基地的完備與悟光弘教願想的完成。

　　再者，如第一章第一節述及日治時期的東密流布隨著布教僧的返日，復以國民政府來臺後極力的壓抑等因素，使得東密在臺幾近煙沒，傳播亦因此終止。悟光得法高野，以戰後首位東密法脈臺籍僧侶的身分返臺布教，墾建密教道場。從臺灣東密發展的角度以察，其總本山的完竣，可表戰後東密的重興流布於此有據，重接起東密在臺的傳播。

　　1987 年解嚴後，各種宗教信仰獲得自由傳播的彈性空間，而佛教也在此時進入新階段的蓬勃發展，如各種佛教團體的成立、道場文化的重視、山門宗風的形塑、人間佛教的社會實踐等景況，都可見得解嚴後佛教發展的興盛。〔註122〕若從光明王寺落成的時空環境而言，悟光建設道場的心願，固然是以東密弘傳為起始點。然 1999 年本山竣工落成，也確實搭上解嚴後佛教蓬勃興盛的風潮，對於戰後臺灣佛教的發展，實再添入新的流脈。

〔註122〕闞正宗：《重讀台灣佛教：戰後台灣佛教（續編）》，頁 482～491；江燦騰：〈第十二章　解嚴以來臺灣本土漢傳佛教的多元創新與逆中心互動傳播（1987～2010）〉，收入江燦騰、侯坤宏、楊書濠著：《戰後臺灣漢傳佛教史》（臺北：五南文化，2011 年），頁 627～684；江燦騰：〈本書結論與討論——從雙源匯流到逆中心傳播的開展歷程〉，收入江燦騰、侯坤宏、楊書濠著：《戰後臺灣漢傳佛教史》，頁 685～698。

第五章　結　論

　　西來庵事件的 3 年後，1918 年悟光出生於高雄內門，自幼對於祭祀、信仰儀式素有濃厚興趣。奠基於臺灣本有信仰豐富混雜的環境，悟光時常揪隨同儕焚香禮敬、擊鑼敲鼓，仿效鄉野鄰村迎神祭廟，自幼心性與信仰已有連結。然悟光出生後，日本殖民政府因西來庵事件，開始推行積極管理宗教的政策直至二戰終止。悟光在戰前的生涯，維持著對於求仙修道的濃厚興趣，觸及信仰層面充滿實際操作的術數色彩，但無一法有驗，直至戰後偶遇禪僧，指點「煉丹不如練心」，方才轉向佛教。然早期的信仰經歷，已爲悟光奠下實修實驗的宗教潛在性格。

　　此後悟光亦在社會環境的驅動下，促使一連串宗教信仰的轉變。1957 年跟隨受到太虛影響的眼淨出家，協助眼淨推動教育事業，忙於寺務。後因大陸僧侶遷臺，藏密易地傳播。因而有貢噶南下弘法，開啓悟光學習密教的契機。習學藏密以後、不自滿意。乘著戰後流行閉關的風潮，轉往六龜靜修。再由於自身興趣、修行願求、語言文化、政治環境等因素的催化牽引，終使悟光轉向高野山，就此定向東密。

　　悟光身爲橫跨臺灣佛教戰前與戰後時期的僧侶，顯現了這些歷史發展的軌跡。透過其宗教修學與抉擇，不僅可以看到修學經歷的轉變，更可以看到臺灣佛教每個階段或隱或顯的宗教發展。

　　隨著研究的進展，悟光返臺以前的修學歷程逐漸明朗，雖因當時人事的消逝，許多歷史幾近淹沒不存。幸運的是仍獲訪幾位碩果僅存的耆宿，如鄭凱銘、鄭偉聲等長者，尚能回憶數十年前曾經熟絡於臺南佛教界的悟光、

竹溪寺的眼淨以及弘傳藏密的貢噶等歷史。印象雖時而清晰時而模糊，然透過訪問、交談、資料的比對與文獻的考證，終稍能勾勒當時人事歷程的樣貌。

　　悟光抉擇求法高野山，確實是其宗教經歷的重要轉折。赴日後，因緣所聚，習法得承，就此走向東密。日後悟光以東密僧侶身分弘法佈教、建寺安僧，也因此填補了戰後東密傳播的空白。固然未能驟言悟光東密傳播的定位，然從悟光所言所行，實可見他持續受到東密的影響，展現出對東密的傾心以及推展東密教法的志趣。

　　1974 年悟光受贈臺南龍山內院，以之為東密道場，正名為「眞言宗光明王寺臺南道場」，所立碑文就可見其志。載云：

> 雖知密法東遷（日本），亦只望洋興嘆……（悟光）跋涉滄海東渡，
> 求授於高野山金剛峰，今已將其眞言教義以及事相法門取回我國，
> 希將所有眞言教學普及一切，以報佛恩。〔註1〕

【圖 5-1-1】釋悟光開山紀念碑

資料來源：釋徹定：《佛教眞言宗五智山光明王寺》，頁 25。

〔註 1〕 釋悟光：〈眞言宗東密中院流臺南道場興建緣起〉，光明王寺臺南分院碑記。

　　悟光亦曾告示隨眾：「我（悟光）初得法之時，於東瀛金剛峰寺發願，誓持所學，歸還我土，重興密法，追繼唐朝開元盛期。」〔註2〕。另於 1990 年發表〈心靈深處的呼聲〉一文，自言「良感醫世之術在眞言密教方能勝任」，〔註3〕皆指涉了悟光傳持與皈向東密的志趣。

　　最終，悟光 1982 年於高雄內門覓得良地佳壤，1985 年光明王寺開始興建工程，豎立「開山紀念碑」，銘記開山祖師悟光爲中院流（高野山）第 54 世、光明流（五智山）第 1 世大阿闍黎，顯示悟光以東密法傳身分於光明王寺開山立派的定位。

【圖 5-1-2】五智山光明王寺開山紀念碑題

僧正　真言宗　光明流第壹世

哲學博士

中院流第五四世大阿闍黎悟光金剛開山之紀念碑

資料來源：筆者依照五智山光明王寺開山紀念碑題繪製。

〔註2〕 釋徹定：《五智山光明王寺創建史略暨悟光金剛上師垂教錄》，頁 7。
〔註3〕 釋悟光：〈心靈深處的呼聲〉，《遍照之光》第 4 期（1990 年 12 月 23 日），第 2 版。

悟光 1972 年得法東密自日返臺，此後 28 年餘的時光，都獻身於東密的傳持與弘揚。直至 1999 年總本山光明王寺落成，授法釋徽定、釋宣定大阿闍黎灌頂，傳位徽定晉山光明王寺住持。〔註4〕2000 年悟光圓寂，蓮位奉於上師紀念堂，其位刻載：「日本佛教眞言宗高野山派金剛峰寺第五十四世傳燈大阿闍黎」、「中國佛教眞言宗五智山光明王寺第一世管長」、「中國佛教臨濟宗第四十八世竹溪寺首座」三種名銜，宛若見證悟光宗教生命至要的三段時光，亦如實註解了悟光的宗教修學歷程。

【圖 5-1-3】釋悟光之蓮座

資料來源：筆者攝於五智山光明王寺上師紀念堂。
攝影日期：2017 年 4 月 26 日。

〔註4〕釋徽定：《五智山光明王寺創建史略暨悟光金剛上師垂教錄》，頁 20。

參考文獻

壹、史料

一、中文

1. 〔日〕釋成尊：《眞言付法纂要抄》，收入《大正藏》第 77 冊，東京：大藏經刊行會，1924～1935 年。

2. 〔日〕釋杲寶：《大日經疏演奧鈔》，收入《大正藏》第 59 冊，東京：大藏經刊行會，1924～1935 年。

3. 〔日〕釋空海：《大日經開題》，收入《大正藏》第 58 冊，東京：大藏經刊行會，1924～1935 年。

4. 〔日〕釋空海：《即身成佛義》，收入《大正藏》第 77 冊，東京：大藏經刊行會，1924～1935 年。

5. 〔日〕釋空海：《祕密曼荼羅十住心論》，收入《大正藏》第 77 冊，東京：大藏經刊行會，1924～1935 年。

6. 〔日〕釋空海：《御請來目錄》，收入《大正藏》第 55 冊，東京：大藏經刊行會，1924～1935 年。

7. 〔日〕釋宥快：《大日經疏鈔》，收入《大正藏》第 60 冊，東京：大藏經刊行會，1924～1935 年。

8. 〔日〕釋宥範：《大日經疏妙印鈔》，收入《大正藏》第 58 冊，東京：大藏經刊行會，1924～1935 年。

9. 〔日〕釋賴瑜著，釋悟光譯：《眞言密教即身成佛義顯得鈔》，高雄：派色文化，1995 年。

10. 〔日〕釋濟暹：《大樂經顯義抄》，收入《大正藏》第 61 冊，東京：大藏經刊行會，1924～1935 年。

11. 〔日〕釋濟暹：《弁顯密二教論懸鏡抄》，收入《大正藏》第 77 冊，東京：大藏經刊行會，1924～1935 年。

12. 〔日〕釋覺鑁：《五輪九字明祕密釋》，收入《大正藏》第 79 冊，東京：大藏經刊行會，1924～1935 年。

13. 〔印度〕龍樹著，鳩摩羅什譯：《大智度論》，收入《大正藏》第 25 冊，東京：大藏經刊行會，1924～1935 年。

14. 〔西藏〕巴珠著，佐欽熙日森五明佛學院譯：《普賢上師言教》，高雄：諦聽文化，2008 年。

15. 〔西藏〕多傑林巴及堪布雅瓊等取藏，法護編譯：《忿怒蓮師十萬咒金剛盔甲儀軌集》，基隆：大藏文化，2016 年。

16. 〔西藏〕珀瑪迦爾波著，胡之真譯：〈六成就法〉，收入胡之真編譯：《藏密法要》，臺北：新文豐出版，1987 年。

17. 〔西藏〕蔡巴·貢噶多吉著，東嘎·洛桑赤列校注，陳慶英、周潤年譯：《紅史（烏蘭史冊）》，拉薩：西藏人民出版社，1988 年。

18. 〔宋〕釋贊寧著，賴永海、張華釋譯：《宋高僧傳》，高雄：佛光文化，2012 年。

19. 〔明〕不著撰人：《靈寶無量度人上經大法》卷 3，收入《正統道藏》第 72 冊，臺北：新文豐出版社，1977 年。

20. 〔唐〕釋不空：《瑜伽金剛頂經釋字母品》，收入《大正藏》第 18 冊，東京：大藏經刊行會，1924～1935 年。

21. 〔唐〕釋玄覺：《永嘉集》，收入《大正藏》第 48 冊，東京：大藏經刊行會，1924～1935 年。

22. 〔唐〕釋善無畏、釋一行譯：《大毘盧遮那成佛神變加持經》，收入《大正藏》第 18 冊，東京：大藏經刊行會，1924～1935 年。

23. 〔唐〕釋善無畏述，釋一行記：《大毘盧遮那成佛經疏》，收入《大正藏》第 39 冊，東京：大藏經刊行會，1924～1935 年。

24. 〔唐〕釋道宣著，賴永海釋義：《唐高僧傳》，高雄：佛光文化，1998 年。

25. 〔晉〕竺法護譯：《文殊師利淨律經》，收入《大正藏》第 14 冊，東京：大藏經刊行會，1924～1935 年。

26. 〔晉〕許遜：《太上淨明院補奏職局太玄都省須知》卷 1，收入《正統道藏》第 317 冊，臺北：新文豐出版社，1977 年。

27. 〔晉〕釋佛陀跋陀羅譯：《大方廣佛華嚴經》，收入《大正藏》第 9 冊，東京：大藏經刊行會，1924～1935 年。

28. 〔曹魏〕曇無讖譯：《大般涅槃經》，收入《大正藏》第 12 冊，東京：大藏經刊行會，1924～1935 年。

29. 〔梁〕釋慧皎著，賴永海釋義：《梁高僧傳》，高雄：佛光文化，1998年。

30. 〔清〕不著撰人：《安平縣雜記》，臺北：臺灣銀行經濟研究室，1959年。

31. 〔清〕周凱：《廈門志》卷 15，臺北：國史館台灣文獻館，1993 年。

32. 〔清〕徐景熹：《福州府志乾隆本》卷 47，合肥：黃山書社，2008 年。

33. 〔清〕高拱乾：《臺灣府志》，臺北：台灣史料集成編輯委員會，2004年。

34. 〔蕭梁〕菩提流志譯：《不空羂索神變眞言經》，收入《大正藏》第 20 冊，東京：大藏經刊行會，1924～1935 年。

35. 〔明〕朱權主編：《天皇至道太清玉冊》卷 3，收入《正統道藏》第 1112 冊，臺北：新文豐出版社，1977 年。

36. 李添春：《臺灣省通志稿人民志宗教篇》，臺北：臺灣省文獻委員會，1956年。

37. 高岡隆心主編：《眞言宗全書》，臺北：新文豐出版社，1980 年。

38. 陳漢光編：《臺灣詩錄》，臺中：臺灣省文獻委員會，1984 年。

39. 黃英傑：《民國密宗年鑑》，新北：全佛文化，1992 年。

40. 瞿海源：《重修臺灣省通志·住民志·宗教篇第一冊》，南投：臺灣省文獻委員會，1992 年。

41. 龔顯宗主編：《沈光文全集及其研究資料彙編》，臺南：臺南縣立文化中心，1998 年。

二、日文

1. 大橋捨三郎編：《眞宗本派本願寺臺灣開教史》，臺北：眞宗本派本願寺臺北別院，1935 年。

2. 黃葉秋造：《鎮南紀念帖》，臺北：鎮南山臨濟護國禪寺，1913 年。

3. 丸井圭治郎：《臺灣宗教調查報告書》，臺北：捷幼出版社，1993 年。

4. 宮本延人：《日本統治時代臺湾における寺廟整理問題》，奈良：天理教道友社，1988 年。

5. 仁井田好古主編：《紀伊續風土記第四輯》，東京：帝国地方行政会出版部，1910～1911 年。

6. 曾景來：《臺灣宗教と迷信陋習》，臺北：臺灣宗教研究會，1938 年。

7. 鈴木清一郎：《臺湾旧慣冠婚葬祭と年中行事》，臺北：南天書局，1995年。

8. 增田福太郎：《臺灣の宗教》，東京：養賢堂，1929 年。

貳、專書

一、中文

1. 于凌波：《民國高僧傳初編》，新北：雲龍出版社，2005 年。

2. 于凌波：《民國高僧傳續編》，臺北：昭明出版社，2000 年。

3. 山崎繁樹、野上矯介著，楊鴻儒譯：《臺灣史》，臺北：鴻儒堂出版社，2014 年。

4. 中村元等著，余萬譯：《中國佛教發展史（上）》，臺北：天華出版，1994 年。

5. 王志宇：《臺灣的恩主公信仰：儒宗神教與飛鸞勸化》，臺北：文津，1997 年。

6. 王見川：《臺灣的宗教與文化》，新北：博揚文化，1999 年。

7. 王邦雄、岑溢成、楊祖漢、高柏園：《中國哲學史（下）》，臺北：里仁書局，2011 年。

8. 王森：《西藏佛教發展史略》，北京：中國社會科學出版社，1997 年。

9. 冉光榮：《中國藏傳佛教史》，臺北：文津出版社，1996 年。

10. 北京外國語學院日語教研室編：《日本地理》，臺北：鴻儒堂出版社，1995 年。

11. 末光欣也著，辛如意、高泉益譯：《臺灣歷史：日本統治時代的臺灣：一八九五～一九四五／一九四六年　五十年的軌跡》，臺北：致良出版社，2012 年。

12. 全佛編輯部：《佛教的護法神》，臺北：全佛文化，2005 年。

13. 多覺覺達：《密乘法海》，臺北：文殊出版社，1986 年。

14. 江燦騰：《日據時期臺灣佛教文化發展史》，臺北：南天文化，2001 年。

15. 江燦騰：《臺灣佛教史》，臺北：五南圖書，2009 年。

16. 江燦騰：《認識臺灣本土宗教：解嚴以來的轉型與多元面貌》，臺北：臺灣商務印書館，2015 年。

17. 佐伯興人著，釋悟光譯：《秘密佛教護摩》，香港：資本文化，2016 年。

18. 吳怡：《中國哲學發展史》，臺北：三民書局，2009 年。

19. 吳敏霞：《日據時期的臺灣佛教》，臺中：太平慈光寺，2007 年。

20. 吳臻：《中國思想史概論》，臺北：鼎茂圖書，2009 年。

21. 呂建福：《密教論考》，新北：空庭書苑，2009 年。

22. 呂建福主編：《密教的派別與圖像》，北京：中國社會科學出版社，2014 年。

23. 岑學呂:《虛雲和尚年譜》,臺北:天華出版,2001 年。

24. 李子寬:《百年一夢記》,新北:文海出版社,1971 年。

25. 沈呂巡、馮明珠:《百年傳承 走出活路:中華民國外交史料特展》,臺北:國立故宮博物院,2011 年。

26. 沈衛榮主編:《何謂密教?關於密教的定義、修習、符號和歷史的詮釋與爭論》,北京:中國藏學出版社,2013 年。

27. 沖本克己、菅野博史主編,辛如意譯:《中國文化中的佛教》,收入《新亞洲佛教史》叢書,臺北:法鼓文化,2015 年。

28. 沖本克己、菅野博史主編,釋果鏡譯:《興盛開展的佛教》,收入《新亞洲佛教史》叢書,臺北:法鼓文化,2016 年。

29. 卓遵宏、侯坤宏採訪,廖彥博紀錄:《成一法師訪談錄》,臺北:國史館,2006 年。

30. 松長有慶著,吳守綱譯:《東方智慧的崛起──密教》,臺北:大千出版社,2008 年。

31. 林正弘主編:《殷海光全集(12):政治與社會》,臺北:桂冠圖書公司,1990 年。

32. 林其賢:《聖嚴法師年譜》,臺北:法鼓文化,2016 年。

33. 林承緯:《宗教造型與民俗傳承──日治時期在臺日人的庶民信仰世界》,臺北:藝術家出版社,2012 年。

34. 南一鵬:《父親南懷瑾》,杭州:浙江人民出版社,2015 年。

35. 神林隆淨著,歐陽瀚存譯:《密宗要旨》,臺北:文殊出版社,1986 年。

36. 貢噶述,童麗舟、陳錦德、張簡敬修整理:《自性光明──金剛上師貢噶老人開示錄》,新北:財團法人噶瑪三乘法輪中心,1995 年。

37. 高賢治:《臺灣三百年史》,臺北:眾文圖書,1978 年。

38. 高樹潘、盛清沂、王詩琅:《臺灣史》,臺北:眾文圖書,1988 年。

39. 康豹:《染血的山谷:日治時期的噍吧哖事件》,臺北:三民書局,2006 年。

40. 張怡蓀主編:《藏漢大辭典》,北京:民族出版社,1993 年。

41. 張曼濤主編:《中國佛教史論集(八)──臺灣佛教篇》,臺北:大乘文化,1978 年。

42. 張曼濤主編:《六祖壇經研究論集》,收於張曼濤主編:《現代佛教學術叢刊》,臺北:大乘文化,1976 年。

43. 張勝彥、吳文星、黃秀政:《臺灣史》,臺北:五南圖書公司,2002 年。

44. 張勝彥、吳文星、溫振華、戴寶村:《臺灣開發史》,臺北:國立空中大學,1996 年。

45. 張勝彥、吳文星：《認識臺灣（歷史篇）》，臺北：國立編譯館，1997 年。

46. 張勝彥、顏娟英、宋光宇、吳興文：《臺灣近代史（文化篇）》，臺北：臺灣省文獻委員會，1997 年。

47. 張麗珠：《中國哲學史三十講》，臺北：里仁書局，2007 年。

48. 戚嘉林：《臺灣史（增訂二版）》，臺北：戚嘉林出版，2014 年。

49. 眼淨和尚紀念會編：《臨濟宗南海普陀山普陀前寺寶島傳燈錄》，臺南：竹溪寺眼淨和尚紀念會，2001 年。

50. 許極燉：《臺灣近代發展史》，臺北：前衛出版社，1996 年。

51. 陳士濱：《穢跡金剛法全集（增訂本）》，臺北：萬卷樓圖書，2012 年。

52. 陳引馳、林曉光譯注：《新譯維摩詰經》，臺北：三民書局，2013 年。

53. 陳兵、鄧子美：《二十世紀中國佛教》，臺北：現代禪出版社，2003 年。

54. 勞思光：《新編中國哲學史（二）》，臺北：三民書局，1993 年。

55. 游勝冠、熊秉真編：《流離與歸屬——二戰後港臺文學與其他》，臺北：國立臺灣大學出版中心，2015 年。

56. 童勉之、楊逢彬著：《白聖長老傳》，臺中：太平慈光寺，2013 年。

57. 楊勤業：《西藏地理》，北京：五洲傳播出版社，2002 年。

58. 臺南市噶瑪噶居法輪中心董事會：《貢噶寺興建紀念專刊》，臺南：貢噶寺，1992 年。

59. 蔡相煇：《臺灣的祠祀與宗教》，臺北：臺原出版，1889 年。

60. 噶瑪三乘法輪中心編譯組：《正法眼（一）》，臺北：財團法人噶瑪三乘法輪中心，1995 年。

61. 諾那華藏精舍編輯室：《初機學佛必備基本知見》，臺北：諾那華藏精舍，1995 年。

62. 龍昭宇主編：《白雲間的傳奇　貢噶老人雪山修行記》，新北：財團法人噶瑪三乘法輪中心，2002 年。

63. 戴瑋志、周宗楊、邱致嘉、洪瑩發：《臺南傳統法派及其儀式》，臺南：臺南市政府文化局，2013 年。

64. 藍吉富：《認識日本佛教》，臺北：全佛文化，2007 年。

65. 顏尚文編：《臺灣佛教與漢人傳統信仰研究》，嘉義：國立中正大學臺灣人文研究中心，2008 年。

66. 關山情主編：《臺灣古蹟全集　第三冊》，臺北：戶外生活雜誌社，1970 年。

67. 釋印順：《中國禪宗史》，臺中：廣義印書局，1978 年。

68. 釋印順：《中觀今論》，新竹，正聞出版社，2000 年。

69. 釋印順：《太虛大師年譜》，新竹：正聞出版社，2000 年。

70. 釋印順：《平凡的一生（增訂本）》，新竹：正聞出版社，2005 年。

71. 釋成觀：《我的學密經歷》，臺北：新逍遙園譯經院，2013 年。

72. 釋妙蓮：《往生有分　第二集》，南投：臺灣靈巖山寺，2012 年。

73. 釋明復：《白公上人光壽錄》，臺北：十普寺，1983 年。

74. 釋星雲述，佛光山法堂書記室紀錄：《貧僧有話要說》，臺北：福報文化，2015 年。

75. 釋悟光：《上帝之選舉》，高雄：派色文化，1991 年。

76. 釋悟光：《心經思想蠡測》，高雄：派色文化，1991 年。

77. 釋悟光：《生活禪》，高雄：派色文化，1991 年。

78. 釋悟光：《如來秘密訊息（上）》，高雄：派色文化，1991 年。

79. 釋悟光：《如來秘密訊息（下）》，高雄：派色文化，1991 年。

80. 釋悟光：《即身成佛觀》，高雄：派色文化，1991 年。

81. 釋悟光：《般若理趣經講記（上）》，高雄：藝敏出版社，2002 年。

82. 釋悟光：《般若理趣經講記（下）》，高雄：藝敏出版社，2002 年。

83. 釋悟光：《參同契釋義》，高雄：五智山光明王寺，2015 年。

84. 釋悟光：《密教探原》，香港：資本文化，2016 年。

85. 釋悟光：《新編正法眼藏》，香港：圓方出版社，2014 年。

86. 釋悟光：《肇論講記》，香港：資本文化，2016 年。

87. 釋悟光：《肇論釋義》，高雄：五智山光明王寺，2013 年。

88. 釋悟光：《禪的講話》，香港：資本文化，2016 年。

89. 釋悟光：《臨終不斷經》，高雄：五智山光明王寺，1993 年。

90. 釋悟明：《仁恩夢存》，新北：海明寺，1994 年。

91. 釋眞華：《參學瑣談》，臺北：天華出版，1984 年。

92. 釋眞圓：《名家之唐密淵流》，香港：現代教育出版社，2008 年。

93. 釋淨明主編：《眼淨和尚圓寂二十五週年紀念集》，高雄：元亨寺妙林出版社，1996 年。

94. 釋會忍、卓遵宏、侯坤宏：《菩妙老和尚訪談錄》，新北：國史館，2009 年。

95. 釋會忍：《元亨寺志》，高雄：打鼓巖元亨寺，2010 年。

96. 釋聖嚴：《留日見聞》，收入《法鼓全集》，臺北：法鼓文化，1999 年。

97. 釋聖嚴：《雪中足跡：聖嚴法師自傳》，臺北：三采文化，2009 年。

98. 釋聖嚴：《聖嚴法師學思歷程》，臺北：正中書局，1993 年。

99. 釋聖嚴：《學佛群疑》，收入《法鼓全集》，臺北：法鼓文化，1999 年。

100. 釋聖嚴：《學術論考》，收入《法鼓全集》，臺北：法鼓文化，1999 年。

101. 釋慧嚴：《台灣與閩日佛教交流史》，高雄：春暉出版社，2008 年。

102. 釋徹定：《五智山光明王寺創建史略暨悟光金剛上師垂教錄》，高雄：五智山光明王寺，2000 年。

103. 釋徹定：《佛教真言宗五智山光明王寺》，高雄：藝敏出版社，2002 年。

104. 闞正宗、卓遵宏、侯坤宏訪問，闞正宗紀錄：《臺灣經懺佛事縱橫談：源靈法師訪談錄》，新北：國史館，2006 年。

105. 闞正宗：《台灣佛教史論》，北京：宗教文化出版社，2008 年。

106. 闞正宗：《重讀台灣佛教：戰後台灣佛教（正編）》，臺北：大千出版社，2004 年。

107. 闞正宗：《重讀台灣佛教：戰後台灣佛教（續編）》，臺北：大千出版社，2004 年。

108. 闞正宗：《臺灣日治時期佛教發展與皇民化運動——「皇國佛教」的歷史進程（1895～1945）》，新北：博揚文化，2011 年。

109. 闞正宗：《臺灣佛寺的信仰與文化》，新北：博揚文化，2004 年。

110. 闞正宗：《臺灣佛寺導遊（九）》，臺北：菩提長青雜誌社，1997 年。

111. 闞正宗：《臺灣佛教一百年》，臺北：東大，1999 年。

112. 闞正宗：《臺灣佛教的殖民與後殖民》，新北：博揚文化，2014 年。

113. 闞正宗等著：《物華天寶話開元——臺南市二級古蹟開元寺文物精華》，臺南：臺南開元寺，2010 年。

114. 權田雷斧著，釋悟光譯：《真言密教聞中記》，高雄：派色文化，1995 年。

二、日文

1. 金山穆韶、柳田謙十郎：《日本真言の哲学》，東京：大法輪閣，2008 年。

2. 五十嵐真子：《現代台湾宗教の諸相——台湾漢族に関する文化人類学的研究》，京都：人文書院，2006 年。

3. 高野山大学選書刊行会編：《第一巻 高野山と密教文化》，東京：小学館スクウェア，2006 年。

4. 山岸榮岳、土生川正道：《中院流初心行者様指南》，和歌山：高野山大学学生部，1994 年。

5. 山田一真、大塚秀見監修：《真言宗のお経》，東京：双葉社，2011 年。

6. 須崎慎一：《日本ファシズム時代 天皇制・軍部・戦争・民衆》，東京：大月書店，1999 年。

7. 村上保壽等著:《空海‧高野山の教科書》,東京:枻出版社,2013 年。

8. 大山公淳:《高野山學修灌頂修行記》,和歌山:高野山大學密教研究會, 1931 年。

9. 藤井正雄:《うちのお寺は眞言宗》,東京:双葉社,2007 年。

10. 藤田光寬:《はじめて「密教の戒律」入門》,東京:セルバ出版,2013 年。

11. 賴富本宏:《密教仏の研究》,京都:法藏館,1990 年。

參、期刊雜誌

一、中文

1. 王見川:〈還「虛雲」一個本來面目:他的年紀與事蹟新論〉,《圓光佛學學報》第 13 期,2008 年,頁 169～188。

2. 松金公正:〈日據時期日本佛教之台灣佈教——以寺院數及信徒人數的演變為考察中心〉,《圓光佛學學報》第 3 期,1999 年,頁 191～221。

3. 林眼淨:〈本島佛教振興策〉,《南瀛佛教》第 13 卷第 1 號,1935 年 1 月 1 日,頁 27

4. 侯坤宏、高明芳、賴淑卿訪問,林蘭芳、鄭麗榕紀錄:〈白雲禪師訪談紀錄 (一)〉,《國史館館刊》復刊第 40 期,2006 年,頁 259～261。

5. 姚麗香:〈日據時期臺灣佛教與齋教關係之探討〉,《臺灣佛教學術研討會論文集》,新北:藝軒圖書,1996 年,頁 71～84。

6. 姚麗香:〈藏傳佛教在台灣發展的初步研究〉,《佛學研究中心學報》第 5 期,2000 年,頁 313～339。

7. 盛成:〈沈光文研究〉,《臺灣文獻》第 2 期,1961 年,頁 6～12。

8. 許育銘:〈民國以來留日學僧的歷史軌跡與聖嚴法師東渡留學〉,《東華人文學報》第 6 期,2004 年,頁 195～222。

9. 楊惠南:〈竹溪寺創建年代的再商榷〉,《臺灣文獻》第 52 期,2002 年,頁 99～112。

10. 蓑輪顯量:〈日本佛教研究的現狀與課題〉,《佛光學報 新一卷》第 1 期,2015 年,頁 145～167。

11. 羅友倫:〈西藏旅遊與高山症〉,《臺灣醫界》第 53 號第 12 期,2010 年,頁 20～23。

12. 羅娸淑:〈台南重慶寺的發展歷程與南台灣藏傳佛教發展關係研究〉,《中華佛學學報》第 20 期,2007 年,頁 305～330。

13. 釋自憲:〈府城竹溪寺創建年代之考察〉,《世界宗教學刊》第 19 期,2012 年,頁 167～197。

14. 釋慧嚴：〈西來庵事件前後臺灣佛教的動向〉，《中華佛學學報》第 10 期，1997 年，頁 279～310。

15. 闞正宗、蘇瑞鏘：〈臺南開元寺僧證光（高執德）的「白色恐怖」公案再探〉，《護僧》第 37 期，2004 年，頁 4～46。

16. 闞正宗：〈眞言宗弘法寺與臺北天后宮——《閱讀臺北天后宮》內容的商榷〉，《台北文獻》第 158 期，2006 年 12 月，頁 33～54。

17. 闞正宗：〈眞言宗在臺開教史——兼論戰後寺宇存廢〉，《護僧》第 56 期，2009 年，頁 14～34。

二、日文

1. 大山仁快：〈高野山現存の古聖教〉，《印度學佛教學研究》第 15 期，1966 年，頁 776～779。

2. 大山公淳：〈中院流十八道次第の研究（上）〉，《密教文化》第 27 期，1954 年，頁 1～16。

3. 大山公淳：〈中院流十八道次第の研究（下）〉，《密教文化》第 29 期，1955 年，頁 29～43。

4. 大山公淳：〈中院流十八道次第の研究（中）〉，《密教文化》第 28 期，1954 年，頁 9～24。

5. 大山公淳：〈近世日本密教教學史（上）特に室町時代以降〉，《密教文化》第 9 期（1950 年），頁 21～36。

6. 大山公淳：〈碩学故栂尾祥雲博士を追憶す〉，《密教文化》第 24 期，1953 年，頁 1～2。

7. 大北善照：〈南山学派と東寺学派（二）〉，《密教研究》第 21 期，1926 年，頁 69～95。

8. 大北善照：〈南山学派と東寺学派（三）〉，《密教研究》第 22 期，1926 年，頁 61～86。

9. 大北善照：〈南山学派と東寺学派（四）〉，《密教研究》第 23 期，1926 年，頁 91～114。

10. 大北善照：〈南山学派と東寺学派〉，《密教研究》第 20 期，1926 年，頁 47～56。

11. 小田慈舟：〈眞言密教の曼荼羅思想について〉，《印度學佛教學研究》第 1 期，1952 年，頁 176～180。

12. 中川善教：〈四度加行折紙の変遷〉，《密教文化》第 39 期，1957 年，頁 1～10。

13. 中川善教：〈南山進流聲明概説〉，《東洋音樂研究》第 12 期，1954 年，頁 101～140。

14. 中野達慧：〈高野山史の研究（下篇）〉,《密教研究》第 52 期,1934 年,頁 35～64。

15. 日野西眞定：〈奧院勤行之事〉,《密教文化》第 161 期,1988 年,頁 63 ～84。

16. 水原堯榮：〈法談論議について〉,《密教研究》第 30 期,1928 年,頁 83 ～104。

17. 水原堯榮：〈高野山の勧学制度に就て〉,《密教研究》第 56 期,1935 年,頁 1～18。

18. 甲田宥吽：〈宝寿二門の中院流──事相と教相の関わり〉,《密教文化》第 139 期,1982 年,頁 27～42。

19. 西嶋和夫：〈日本仏教と明治維新〉,《印度學佛教學研究》第 46 期,1998 年,頁 821～826。

20. 村上保壽：〈空海の思想と曼荼羅〉,《高野山大学密教文化研究所紀要》第 10 號,1997 年,頁 1～18。

21. 松永有見：〈弘法大師と高野山〉,《密教研究》第 51 期,1933 年,頁 308 ～314。

22. 栂尾祥雲：〈弘法大師の教義概観〉,《密教研究》第 51 期,1933 年,頁 1～26。

23. 栂尾祥雲：〈高野山教學史一斑〉,《密教研究》第 60 期,1936 年,頁 1 ～28。

24. 森正人：〈遍路道にみる宗教的意味の現代性　道をめぐるふたつの主体の活動を中心に〉,《人文地理》第 53 期,2001 年,頁 173～189。

25. 鈴木廣隆：〈般若經の空思想〉,《印度哲學佛教學》第 5 號,1957 年,頁 143～155。

三、英文

1. Cody bahir, "Buddhist Master Wuguang's (1918~2000) Taiwanese Web of the Colonial, Exilic and Han," eJournal of East and Central Asian Religionspublished by the University of Edinburgh, No. 1, 2013: 81~93.

肆、學位論文

一、中文

1. 李永斌：《悟光法師密教思想研究》,西安：西北大學佛教研究所碩士論文,2011 年。

2. 林佩欣：《日治前期臺灣總督府對舊慣宗教之調查與理解（1895～1919）》,臺北：政治大學歷史研究所碩士學位論文,2002 年。

3. 梁信英：《臺南市佛教團體經營之歷史調適》，臺南：臺南大學臺灣文化研究所碩士論文，2007 年。

4. 黃慧琍：《藏傳佛教在台發展初探——以台南地區的藏傳佛教團體為研究對象》，臺南：臺南師範學院鄉土文化研究所碩士論文，2000 年。

5. 釋自憲：《臺南府城竹溪寺傳承發展史之研究》，新竹：玄奘大學宗教學系碩士論文，2012 年。

6. 顧正立：《高雄市五智山光明王寺之真言宗信仰研究》，新北：華梵大學東方人文思想研究所碩士論文，2012 年。

二、日文

1. 田戶大智：《東密教学の展開と形成》，東京：早稻田大學文學博士論文，2010 年。

2. 龜山隆彥：《密教思想の日本的展開：即身成仏を中心に》，京都：龍谷大學文學博士論文，2013 年。

伍、報刊、雜誌

一、中文

1. 《中央日報》（1949～2006），臺北：中央日報社。

2. 《菩提樹》（1952～1996），臺中：菩提樹雜誌社。

3. 《遍照之光》（1990～1992），高雄：五智山光明王寺。

4. 《覺生》（1950～1963），臺中：覺生雜誌社。

二、日文

1. 《南瀛佛教會報》（1923～1942），臺北：南瀛佛教會。

2. 《臺灣日日新報》（1989～1944），臺北：臺灣總督府。

陸、未出版手稿

1. 釋悟光：〈滄桑回憶錄〉，釋悟光手稿。

2. 釋徹定：〈曼荼羅攝廣為略義釋〉，釋徹定手稿。

柒、田野調查

1. 2015 年 1 月 17 日訪問五智山光明王寺釋徹定。

2. 2016 年 8 月 27 日訪問五智山光明王寺釋徹定。

3. 2016 年 11 月 25 日訪問五智山光明王寺釋徹定。

4. 2017 年 1 月 28 日訪問五智山光明王寺釋徹遜。

5. 2017 年 4 月 6 日訪問臺南市竹溪禪寺釋資定。
6. 2017 年 4 月 6 日訪問臺南市法藏講堂釋慶定。
7. 2017 年 4 月 7 日訪問臺南市竹溪禪寺釋資定。
8. 2017 年 4 月 7 日訪問臺南市重慶寺吳芳齡。
9. 2017 年 4 月 7 日訪問臺南市重慶寺郭漢忠。
10. 2017 年 4 月 9 日訪問臺南市龍山內院郭政呈。
11. 2017 年 4 月 11 日訪問臺南市重慶寺吳芳齡。
12. 2017 年 4 月 11 日訪問臺南市重慶寺李儀嬋。
13. 2017 年 4 月 11 日訪問臺南市重慶寺郭昭文。
14. 2017 年 4 月 17 日訪問五智山光明王寺釋徹遂。
15. 2017 年 4 月 18 日訪問五智山光明王寺釋徹遂。
16. 2017 年 4 月 19 日訪問臺南市祀典興濟宮鄭凱銘。
17. 2017 年 4 月 20 日訪問臺南市德化堂蓮姑。
18. 2017 年 4 月 24 日訪問臺南市德化堂鄭偉聲。
19. 2017 年 4 月 26 日訪問五智山光明王寺香港分院釋徹鴻。
20. 2017 年 4 月 26 日訪問五智山光明王寺釋徹遂。
21. 2017 年 5 月 1 日訪問臺南市重慶寺童大真。

捌、網路資源

1. 大高雄佛教會所屬寺院簡介——光明王寺
   http://nknush.kh.edu.tw/~volunteer/
2. 和歌山縣情報館・連雜誌
   http://www.pref.wakayama.lg.jp/prefg/000200/ren/web/ren11/index.html
3. 高野山大学・僧侶資格と修行
   http://www.koyasan-u.ac.jp/career/monk/

附錄一　略談釋悟光的佛學觀念與修行門徑

一、前言

　　釋悟光（1918～2000）為臺灣戰後知名的東密僧侶，其生命經歷跌宕多姿。悟光於臺南竹溪寺圓頂出家後，經佛教諸宗洗禮，凡 17 年的修學歷程。1972 年留日結束返臺，當年即開始弘法，[註1] 1973 年開始翻譯、著述。除極少數赴日以前即撰寫的著作以外，大部分的著作都在返臺以後撰著，直至 1996 年方停止書寫。是故悟光的撰著成果可視為其思想內涵之呈現，這是從其修學而逐漸完成的思想成果。故本文即從悟光的著作出發，通過分析悟光著述以考察悟光佛學思想的其中兩個面向──「禪」與「密」。這兩者與悟光初識佛教以來所經歷的佛教修學與關心的佛教思想恍有同樣脈絡。悟光身為一位最終皈於密教傳承的僧侶，如何呈現出他所欲表達的密教內涵？又如何在密教思想以外，援用了屬顯教思想的「禪」？其中的次第關係如何？

　　悟光曾習道法術數儀規，往來顯密佛學思想，嫻熟日藏兩宗教理。其佛學觀念、信仰體系，洋洋其大乎。復有綜駁的脈絡，縱橫阡陌於悟光的思維之中。由於悟光思想在學界的研究方興未艾，尚未能定論悟光思想觀念的主要結構。故本文謂「略談」，慎於處理悟光的思想議題。僅依據其學佛歷程主要的兩條法脈──禪、密，期能勾勒悟光思想初貌，提供探索其哲學體系的幾些線索，以供相關研究的思考切入點。

〔註1〕1972 年上半年悟光返臺，5 月開始於臺南弘法。詳見釋徹定：《佛教真言宗五智山光明王寺》，頁 152。

二、「禪」的思想觀念

（一）「當下直認」、「無相」、「空」的觀念

悟光當年轉入佛門的契機即是受到禪僧的「煉丹即是練心」點化而轉入佛教，〔註2〕即使最終選擇密教，並入日本高野山眞言宗求法而紹其法脈，然「禪」並未在悟光的佛教思想上退場。悟光對於禪思的運用，是作爲進入密教堂奧的重要手段。因此，筆者先從悟光的禪思內涵論述，後節方述其密教觀念，階次遞進，依序討論，如此安排，亦能暗合悟光在禪密思想中的進路。

論及悟光的禪思，不得不注意的是，除密教的傳承以外，悟光亦身爲禪宗法嗣，是故筆者將循著中國禪宗歷史的思想脈流中，觀察悟光禪思的主要觀念內涵，並討論是否來源於中國禪宗的思想內涵？或與中國禪宗的關係遠近如何？來試見其禪思觀念。

若論悟光的禪思觀念，先試看悟光論述「禪」的重要著作《新編正法眼藏》。1996年悟光出版該著，這是悟光生前最後一本禪著作，透過該著，可以勾勒出悟光對禪的定調，該書定名《新編正法眼藏》，頗有重新詮述禪家心印、樹立自家心證的架式。

禪宗有所謂「正法眼藏」一詞，語出《大梵天王問佛決疑經》:「吾有正法眼藏，涅槃妙心，實相無相，微妙法門，不立文字，教外別傳。」〔註3〕在此，「正法眼藏」表示佛所證悟的正覺心法，而歷代禪家多有引用，以表示自身所證所悟是符合佛陀所傳之無上正法，也是祖傳心印。〔註4〕故而「正法眼藏」一詞，則成爲禪家表示證悟心印的代名詞，也成爲禪師表示禪家爲佛門正宗時的常用語，而以其爲書名樹立自家禪思的亦爲常見。如宋代臨濟宗僧釋宗杲（1089～1163）曾著《正法眼藏》，日本曹洞宗僧釋道元（1200～1253）亦著《正法眼藏》，都以此爲題名著書作爲闡述自家禪思的至要著作。

因此，「正法眼藏」也可說是能代表統攝禪家思想的字眼。面對這樣關鍵的字眼，悟光解釋道:

〔註2〕釋悟光:〈滄桑回憶錄〉，釋悟光手稿。
〔註3〕不著譯人:《大梵天王問佛決疑經》，收入《卍新纂續藏》第1冊（東京:國書刊行會，1975～1989年），頁442b。
〔註4〕陳晃麟:《正法眼藏研究》（臺北:臺灣師範大學國文研究所碩士論文，1998年），頁5。

「正法眼藏實相無相涅槃妙心」是佛教之眼目，千經萬論都是闡明

此道理之工具。〔註5〕

開宗明義即說所謂「正法眼藏」，是「實相」、「無相」，是「佛教之眼目」。又
對每字加以分析，其云：

「正」者不偏不依，是當下當相之直覺狀態。

「法」者心所之法，……若將面對的事物，不加思索地當下直認，

即人人相同，故謂之正法。

我人不是聖人，故收來之諸法皆是邪法，佛陀教我們從此邪法中去

透視其實相，這透視之能觀之智曰「眼」。

「藏」即事物之背面所隱藏之道理，是凡眼看不見的，故名藏。

「眼藏」即是透視事物中所隱藏之道理。〔註6〕

上述引文可以看到悟光最終對於「禪」的定論，在《新編正法眼藏》的前言
中，述及從「正法眼藏」的解釋來代表悟光自身對禪的宗旨，〔註7〕因此，
藉由悟光解釋的提綱挈領，可以快速地掌握到悟光對於禪的概念。悟光不斷
地強調要「透視事物中所隱藏之道理」，必須要依「當下當相之直覺狀態」
「不加思索地當下直認」，就能勘透萬物真理，只要拋棄妄念所執，直截往
「當下當相」、「當下直認」就能體見事物實相。因此，悟光認為「直覺下之
事物若經過心之分別思考，然後加以分別認知，即落入第二義之中，亦就
是凡夫之一切認識。」〔註8〕若是分別臆測，則落入俗見。可見悟光所欲述
明的道理，是當下承擔、直指本心的至道。勘透此理，方能勘透一切諸法
實相。

悟光在該著疏解「正法眼藏」一詞的思維，如果細察，似與中國禪宗思
想史上的南宗禪所強調禪法「頓」的特質頗為類似，具有強調當下直取真如
的立即性。〔註9〕

唐代時，慧能與神秀的法系就曾針對禪修法門的「頓」、「漸」性質展開
辯論，然此處並不討論禪法頓漸的爭執點，而是從悟光禪觀念的內涵，來找

〔註5〕釋悟光：《新編正法眼藏》（香港：圓方出版社，2014年），頁14。

〔註6〕釋悟光：《新編正法眼藏》，頁14～15。

〔註7〕釋悟光：《新編正法眼藏》，頁17。

〔註8〕釋悟光：《新編正法眼藏》，頁14。

〔註9〕吳怡：《中國哲學發展史》（臺北：三民書局，2009年），頁319。

尋其觀念在中國禪宗的思想裡承傳如何。

自釋弘忍（601～675）的弟子釋慧能（638～713）與釋神秀（606～706）以來，兩系即因禪風不同而分南北，而慧能思想爲基礎所開出的法系即以「南宗禪」聞名，〔註10〕作爲以「頓法」爲其顯著特性的南宗禪，其代表典籍《六祖大師法寶壇經》（以下簡稱《六祖壇經》）〔註11〕其實在多處顯露出頓教「當下直認」的義涵，例如在〈行由品〉有比較完整的陳述，該品云：

> 無上菩提，須得言下識自本心，見自本性，不生不滅，於一切時中，念念自見，萬法無滯，一眞一切眞，萬境自如如。如如之心，即是眞實。若如是見，即是無上菩提之自性也。〔註12〕

而其他舉如〈般若品〉：「不悟即佛是眾生，一念悟時眾生是佛，故知萬法盡在自心。何不從自心中，頓見眞如本性」、〔註13〕〈行由品〉：「菩提自性，本來清淨，但用此心，直了成佛」、〔註14〕〈般若品〉：「頓見眞如本性。是以將此教法流行，令學道者頓悟菩提。各自觀心，自見本性」、〔註15〕〈行由品〉：「菩提自性，本來清淨，但用此心，直了成佛」、〔註16〕〈疑問品〉：「菩提只向心覓，何勞向外求去？聽說依此修行，西方只在眼前」、〔註17〕〈疑問品〉：「佛向性中作，莫向身外求」〔註18〕……等皆透露出這種頓法的特色。上述

〔註10〕 洪修平：《中國禪學思想史》（臺北：文津出版社，1994年），頁125～138。

〔註11〕 《六祖壇經》，南宗禪最爲主要的核心典籍，全名《六祖大師法寶壇經》，又有敦煌出土本名爲《南宗頓教最上大乘摩訶般若波羅蜜經六祖慧能大師於韶州大梵寺施法壇經》。有關該經對於南宗禪的代表性，可詳見釋印順：《中國禪宗史》，頁237～180。

〔註12〕 〔唐〕釋慧能述，釋宗寶記：《六祖大師法寶壇經》，收入《大正藏》卷48，頁348。

〔註13〕 〔唐〕釋慧能述，釋宗寶記：《六祖大師法寶壇經》，收入《大正藏》卷48，頁351。

〔註14〕 〔唐〕釋慧能述，釋宗寶記：《六祖大師法寶壇經》，收入《大正藏》卷48，頁347。

〔註15〕 〔唐〕釋慧能述，釋宗寶記：《六祖大師法寶壇經》，收入《大正藏》卷48，頁351。

〔註16〕 〔唐〕釋慧能述，釋宗寶記：《六祖大師法寶壇經》，收入《大正藏》卷48，頁347。

〔註17〕 〔唐〕釋慧能述，釋宗寶記：《六祖大師法寶壇經》，收入《大正藏》卷48，頁352。

〔註18〕 〔唐〕釋慧能述，釋宗寶記：《六祖大師法寶壇經》，收入《大正藏》卷48，頁352。

文句雖有不同，但是其實都在言明一事，即是自身本心所具清淨佛性本來具足，如果當下能內觀，直識本心所具佛性，即能頓見自性。

這種「當下即是」的頓法特質，尚可在慧能法嗣——釋神會（688～758）的言論中，看到弟子對於師父的思想理解，神會曾經在汴州廣開無遮大會，就是爲了辯論其師慧能的頓禪不同於神秀的漸法。所謂「南能北秀，水火之嫌」，〔註19〕正是註解如此景況。因而，從神會的角度看待慧能的頓法，頗具價值，《菩提達摩南宗定是非論》明白陳述：「六代大師，一一皆言單刀直入，直了見性，不言階漸。」〔註20〕就是直接爲慧能的南宗禪法定了「頓悟」的論調，從這些論調中也可知南宗禪的「頓入」、「直入」、「直指」、「直示」……等語彙所指涉「當下直認」的頓教風格鮮然可見。〔註21〕

有如此的理解基礎，再回返考察悟光的禪思宗旨，其前所述「正法眼藏」一詞，其強調當下直取的態度，似可呼應南宗禪的頓法禪風。換句話說，在悟光所認定禪的宗旨，與這種直指本眞、體見實相的路數頗爲吻合，頓教的態度是可見的，甚具南宗禪家風采。

在此宗旨，另有重要觀念，即是首則引文中，悟光開宗明義強調的「無相」，認爲這是佛教的眼目，一切經典論籍都是闡明此道理。因此，另一個重要的禪思觀念是——悟光以「無相」來表徵禪家眞理，用其指涉佛典論籍的道理。除悟光在其禪學的壓卷之作——《新編正法眼藏》的自我定調之外，尚可試看悟光在其他文章所顯露出的「無相」思想，例如，悟光在《生活禪》云：

> 由我人心所法去看，妄念未生的時候，去看萬象，無相中有差別相，
>
> 心若不住著，似鏡不留痕，即心無相，住著即有心相。〔註22〕

若破除一切臆妄的認識，妄念未生，心無差別，則無相之中，能見眞如佛理。心不住相，即心無相，更進一步觀察世間諸相，也不離眞如的無常狀態。其

〔註19〕〔唐〕釋宗密：〈禪源諸詮集都序〉，收入《大正藏》卷48，頁401。

〔註20〕〔唐〕釋神會述，獨孤沛記：《菩提達摩南宗定是非論》，收入胡適主編：《神會和尚遺集》（臺北：胡適紀念館，1982年），頁286～287。

〔註21〕有關南宗禪「直指本心」的頓教特質，可詳見釋印順：《中國禪宗史》（臺中：廣義印書局，1978年），頁381～388；余英時：《中國思想傳統的現代詮釋》（臺北：聯經出版，1987年），頁272；洪修平：《中國禪學思想史》，頁183～195；楊惠南：《禪史與禪思》（臺北：東大圖書，1995年），頁231～259。

〔註22〕釋悟光：《生活禪》，頁86。

後悟光更引述《維摩詰經》文句云：「從無生本，立一切法」，〔註23〕故知此處的真如本體，也是不離無相的概念。又，悟光云：「禪的生活，似鳥行空，魚躍大海，無拘無束，擬議即乖，動念即錯。」〔註24〕顯然也是在一種無相無念無住的思想範圍裡。另，悟光再云：

> 修習禪觀之人，似鳥行空不留跡，雲過天清，船過水無痕，追之何用？不取不捨之心曰平常心，平常心是道，起居動作，舉手投足，皆從道場來，……，吾們不去管他，只是知道就夠了。〔註25〕

悟光以鳥類飛行與船隻行水為喻，說明修禪之人需無所住、無所著，其後說不取不捨來解釋「平常心」，悟光引用的「平常心是道」，主要與兩者公案相關，一者出自釋普願（748～834）與釋從稔（778～863）的公案，〔註26〕普願與從稔皆是南宗門下，在公案中普願回答從稔「平常心是道」，又解釋說「擬向即乖」，意思說不應再起各種多餘分別，雖無正面說出「無相」的相關語詞，但從其思維推敲，這已經很趨向無念、無相的特質；另一者，是出自南宗門下的釋道一（709～788）的法語：「平常心是道。何謂平常心：無造作、無是非、無取捨、無斷常、無凡聖。」〔註27〕更言明是沒有任何分別臆測妄想，直接言明需「無」各種分別妄想的相貌，如此的平常心內容，才是至道。而悟光所言「不去管它，只是知道」將心所經歷的緣境都視其平常，因而知而不別，這與以上兩者所謂的無妄無別所保任的平常心，基本的內涵是一樣的。並且若仔細詳析，悟光所說的還可分成：「妄念未生的時候——『無念』」，則可「去看萬象，無相中有差別相——『無相』」，「心若不住著——『無住』」，則可「似鏡不留痕，即心無相——『無相』」，一層一層論述禪修中如何把握心的觀念，並將無念、無住、無相等觀念也結合起來，將這些觀念彼此相通，都歸納在其所言「無相」的範圍。

　　如此一來，可以大致看到悟光「無相」觀念的輪廓，從這樣的基礎，再繼續上溯到南宗禪基本思想的代表經典《六祖壇經》，試看悟光的「無相」禪思與南宗禪風的聯繫。

　　根據南宗禪門的至要典籍《六祖壇經》而論，皆指出「無相」、「無念」、

〔註23〕釋悟光：《生活禪》，頁86。
〔註24〕釋悟光：《生活禪》，頁11。
〔註25〕釋悟光：《生活禪》，頁67。
〔註26〕〔宋〕釋宗紹：《無門關》，收入《大正藏》卷48，頁295。
〔註27〕〔宋〕釋道原：《景德傳燈錄》，收入《大正藏》卷51，頁440。

「無住」的主要觀念。〔註28〕舉如該經〈定慧品〉云：

> 善知識！我此法門，從上以來，先立無念爲宗，無相爲體，無住爲
> 本。無相者，於相而離相。無念者，於念而無念。無住者，人之本
> 性。〔註29〕

引文所言「無相」、「無念」、「無住」的概念，並非有無的二元對立，是屬於
在相、念、住當中而不執取。悟光「無相」觀念的闡述與「無相」語彙的使
用，與〈定慧品〉引文所言相當吻合，其無相禪思的解釋基本也與〈定慧品〉
即而不即的想法是一致的。

　　悟光的禪思觀念主要於前述「當下直取」的頓教風格與「無相」的禪思
觀念，然必須進一步探究的是，悟光的這些禪思觀念最後指涉的將會是什
麼？由於對一個從事修持的僧侶而言，思想觀念固然是修行道途的重要基
礎，但是這些觀念需要產生修持上的進境，方有實質之意義，這種兼重理悟
與行證，也正是中國佛教的特色。〔註30〕因此，由於禪宗講求證悟，必須再
探究悟光想證的是什麼？才能理解悟光講求「當下直取」與「無相」這些觀
念的目標。

　　關於證悟的內容，悟光在《禪的講話》指出對於修行了悟的想法，悟
光云：

> 生無生相、滅無滅相、有無有相、無無無相，此爲諸法皆空之理，
> 悟了諸法皆空之理時，才能夠免除各種事物假相之迷惑。〔註31〕

悟光對於證悟，在此有清楚的說明，直接解釋是悟了「諸法皆空」之理。其
前所言生「無生相」、滅「無滅相」、有「無有相」、無「無無相」，說明眞正

〔註28〕有關「無相」、「無住」、「無念」爲主要的南宗禪風觀念，相關研究可詳見楊
　　　祖漢：〈第十九章　天台、華嚴及禪宗的哲學〉，收入王邦雄、岑溢成、楊祖
　　　漢、高柏園著：《中國哲學史（下）》（臺北：里仁書局，2011 年），頁 433～
　　　444；洪修平：《中國禪學思想史》，頁 179～183；張麗珠：《中國哲學史三十
　　　講》（臺北：里仁書局，2007 年），頁 319；勞思光：《新編中國哲學史（二）》
　　　（臺北：三民書局，1993 年），頁 332；楊惠南：《惠能》（臺北：東大圖書，
　　　1993 年），頁 107～113；蔡日新：《中國禪宗的形成》（新北：圓明出版社，
　　　1999 年），頁 339～357；釋聖嚴：〈六祖壇經的思想〉，《中華佛學學報》第 3
　　　期（1990 年），頁 149。
〔註29〕〔唐〕釋慧能述，釋宗寶記：《六祖大師法寶壇經》，收入《大正藏》卷 48，
　　　頁 353。
〔註30〕錢穆：《中國哲學史》（臺北：學生書局，1988 年），頁 149。
〔註31〕釋悟光：《禪的講話》（香港：資本文化，2016 年），頁 19。

要生起的是沒有「生」與「有」的「無相」，而這種「無相」指涉的實際是「諸法皆空」之理。悟了「空」理，才算是達到禪思的悟境。

悟光的這種說法與進境，也可自《六祖壇經・般若品》尋得關聯，該品說明識得自性，本來是空，云及：

> 心量廣大，猶如虛空，無有邊畔，……亦無嗔無喜，無是無非，無善無惡，無有頭尾。諸佛剎土，盡同虛空。世人妙性本空，無有一法可得；自性眞空，亦復如是。〔註32〕

文中將心量與虛空類比，以至於諸佛國土皆如同虛空。進而直言眾生之「妙性──自性」本來是「空」。就此指出心性中本質是「空」的意義。將所證悟的心的內容昭然揭示。因而，禪宗所謂「見性證悟」即與「空」亦聯繫起來，所謂見性，也可謂是體見空性。〔註33〕

至此，可以看到悟光的禪思顯示了幾些觀念：「當下直認」、「無相」、「空」。亦可與禪宗的思想「當下直認」、「無念、無相、無住」、「空」系聯，顯示了悟光禪思的脈絡關係。

當然，依照禪宗傳統，參禪破執，了知無相、無念、無住，即能體驗空性，也即是體見實相。這在禪的修行進路上是一體完成的，因此，筆者雖分析悟光的禪思，有綿密的邏輯與過程，從禪的觀念「無相」、「無念」、「無住」，進而體驗空性、親見實相，但須知這在修行道途上其實是一貫完成，另無分別。

身爲密教僧的悟光，並不只是單純地教人參禪，這些禪思觀念所帶動「空」的認識，是被悟光援用作爲入密教法門之前的基礎。〔註34〕至此，悟

〔註32〕〔唐〕釋慧能述，釋宗寶記：《六祖大師法寶壇經》，收入《大正藏》卷48，頁350。

〔註33〕有關南禪所強調的見性即是體見空性，有諸研究持此看法，可詳見葛兆光：《增訂本中國禪思想史》（上海：上海古籍出版社，2015年），頁193；吳怡：《中國哲學發展史》，頁327；楊祖漢：〈第十九章 天台、華嚴即禪宗的哲學〉，收入王邦雄、岑溢成、楊祖漢、高柏園：《中國哲學史（下）》，頁431；釋聖嚴：〈六祖壇經的思想〉，《中華佛學學報》第3期（1990年），頁153。亦有僧侶作禪悟的詮解時也以證悟即體空解釋，舉如釋聖嚴：《信心銘講錄》（臺北：法鼓文化，1999年），頁100；釋聖嚴：《神會禪師的悟境》，頁125。

〔註34〕悟光在多處明言眞言密教需從「空」的體悟入門，可詳見釋悟光：《肇論講記》（香港：資本文化，2016年），頁11、13；釋悟光：《新編正法眼藏》，頁15。另法嗣徹定也指出悟光曾云：眞言密教需從「空」的體悟入門。釋徹定：〈前言〉，收入釋悟光：《肇論釋義》（高雄：五智山光明王寺，2013年），頁3。

光將屬顯教的禪，援用以輔助進入密教法門，可以看到這些禪思觀念如果要跟悟光的密教體系配合應該放在什麼位置。然援用禪思，這與悟光所屬東密傳統的態度有所不同。〔註35〕無論如何，悟光指出一條尚未進入密教法門以前的準備道路，就是禪思觀念所鋪陳的道途。並透過對比與溯源，可以了解到悟光的禪思觀念與南宗禪風似能干聯。

（二）悟光禪思觀念取徑的討論

對於悟光與禪宗思想的繫聯，透露出幾許觀念與南宗禪風似能唱和。若從悟光對於禪宗祖師的態度，似能察其傾心之處。〔註36〕

關於悟光對於六祖慧能傳持禪法的態度，悟光講解《參同契》時曾道：「在中國的禪……，到六祖的手中大發禪的禪貌。」〔註37〕指出六祖對於中國禪宗發展的重要地位。而悟光在《生活禪》之中，表現的態度更為明顯，該著有篇幅論證禪史燈系，值得注意的是，菩提達摩（？～535）以降的法脈，悟光直接陳述：「六祖以下禪匠輩出，各有發揮，其禪學文章，……是禪思想之傑作」，〔註38〕絲毫不提禪系習稱的二祖釋慧可（487～593）至五祖釋弘忍（601～675）以及牛頭宗釋法融（594～657）……等法脈，甚至與六祖慧能相對的釋神秀、釋普寂（561～739）等一系的北宗禪也無著墨。從此並不能因而輕言悟光是否有宗派之見，但顯然悟光對於禪宗傳承的概念受到傳統禪宗燈史系譜所形構成的論調影響，〔註39〕其禪系認識，是肯定於六祖以降的南宗禪，這種態度頗為鮮明。

因此，不難理解悟光對於「南宗禪」觀念與風格的傾向，此種景況，除了從悟光著作所呈現的態度進行理解之外，尚須從悟光所接觸的禪環境來思考。若從傳統禪宗的整體發展而言，唐以後禪宗諸系的發展各有興衰，包括

〔註35〕東密開祖釋空海著有《辨顯密二教論》與《秘密曼荼羅十住心論》以分顯密，定密教在顯教之上，樹立東密區別自教異於顯教（禪宗即屬顯教），密教為尊的態度，可詳見魏常海：《空海》（臺北：東大圖書，2000年），頁90～108。

〔註36〕關於南宗禪重要的基本思想，有諸研究可供參考，舉如葛兆光：《增訂本中國禪宗史》，頁194；阿部肇一：《中國禪宗史の研究》（東京：研文出版，1986年），頁11～13。

〔註37〕釋悟光：《參同契釋義》（高雄：五智山光明王寺，2015年），37。

〔註38〕悟光不僅對於六祖以下南宗諸法嗣，讚嘆有加，亦據南宗禪諸師的著作有扼要性的介紹。詳見釋悟光：《生活禪》，頁30。

〔註39〕有關中國禪宗傳統燈史傳承的概況，可詳見馬克瑞著，韓傳強譯：《北宗禪與早期禪宗的形成》（上海：上海古籍出版社，2015年），頁84～85。

前述曾與南宗禪相對的北宗禪在普寂之後也未幾代而衰落。〔註40〕因此，唐代以後的具代表性的禪宗流派，大致以南宗禪傳統爲主。〔註41〕乃至清末民初主要剩臨濟與曹洞兩脈較有發展，〔註42〕都仍是屬南宗禪門下的法脈，悟光所處的戰後大陸佛教所主導的臺灣佛教禪宗環境也大致不脫於此。再者，悟光自承臨濟宗竹溪寺法脈，暫且勿論該傳法是否具有實質心法印證的意義，至少悟光應有意識到自身所承法脈——〔註43〕臨濟宗派就是出自南宗禪門之下。然據悟光著作所見，悟光所呈現的禪思並不特別傾向臨濟禪風，〔註44〕而僅是就「當下直認」、「無相」、「空」⋯⋯等基本的南宗禪觀念不斷說解以呈現其禪思。

　　另外，可以考慮到的是，悟光的禪思觀念追隨了中國禪的內涵，而日本禪的影響似乎無甚關涉。悟光於 1971～1972 年間赴日修密，悟光在回憶錄無任何密教以外的修行紀錄，悟光在高野山也僅一年修行的時間，進度緊迫，連簽證等要事都無法抽身，需委由高野山的友人目黑隆幸辦理。〔註45〕因此，悟光在日學習日本禪的可能性極低。再往回溯，悟光至竹溪寺已是 1955 年，當時的臺灣佛教界已漸入江浙佛教爲主的路線，日系佛教遂退出臺灣佛教界主流之外，其思想及文化影響也在戰後與江浙系統等大陸佛教的系統的競爭下逐漸退色。並且，就悟光的學修歷程而言，悟光轉向佛教的時間點在戰後，究竟悟光在臺時能夠接觸多少日系佛教的訓練較難期待。

　　悟光的禪思觀念取徑禪宗基本觀念的範圍，應可指涉。整個禪脈的主流環境與自身隸屬南宗的身分畢竟使悟光籠罩在禪宗傳統的範圍裡，影響他的

〔註40〕阿部肇一：《中国禅宗史の研究》，頁 665～666。

〔註41〕阿部肇一：《中国禅宗史の研究》，頁 671。

〔註42〕陳兵、鄧子美：《二十世紀中國佛教》，頁 317、319。

〔註43〕悟光曾經自言自身接了眼淨的法脈，也對於其師眼淨與師公捷圓是否心法相承作出評論，可見悟光亦有關注其法脈相承、心眼證明之事。詳見釋悟光：《肇論講記》（香港：資本文化，2016 年），頁 332；另外，悟光在〈滄桑回憶錄〉也自言「我本是臨濟禪宗」。詳見釋悟光：〈滄桑回憶錄〉，釋悟光手稿。

〔註44〕臨濟禪風最主要的特色「無位眞人」、「四料簡」、「四賓主」、「四照用」以及宋代臨濟法嗣釋宗果所整合的「話頭禪」。悟光在其禪思著作中，雖談及南宗禪的基本觀念，然而似無特別針對臨濟禪風加以詮述或介紹。有關臨濟禪風的特色可詳見洪修平：《中國禪學思想史》頁 256～259；胡順萍：〈六祖壇經思想之承傳與影響〉，《國立台灣師範大學國文研究所集刊》第 33 期（1989年），頁 98～101。

〔註45〕釋悟光：〈滄桑回憶錄〉，釋悟光手稿。

自學與選擇，使得悟光在修學以後所呈現的禪思成果竟與南宗禪的基本觀念處於相類的理路，是不得不考慮到內外環境的影響所形成悟光的禪思觀念取徑的軌跡，也可從此看到悟光的禪思觀念的脈絡。

三、「密教」的思想觀念

（一）「曼荼羅」的密教精神

前節已述及悟光的禪思觀念所引現的修行道途，然而這條道途所到達的並非究竟目的，悟光援用禪思觀念所帶動「空」的認識，是爲了進入密教之門而準備，就此建立了顯密的關係。

悟光作爲密教僧，更主要的修行內涵當指向密教的思想觀念。密教的思想體系十分豐富廣大，〔註 46〕悟光在竹溪寺時期曾經親炙藏傳佛教的貢噶習學藏密，乃至六龜閉關後決心負笈日本高野山求法，終將修行道途的究竟體系與目標定向於東密。

因此，本節將述及悟光所重的密教精神——「曼荼羅」的思想觀念，並從悟光的曼荼羅思想探究其所重視的精神內涵，並追尋其曼荼思想的取徑及與密教系統的關係。

悟光的觀念中所認爲的密教精神可在悟光甚爲重視的譯著——《密教思想與生活》的〈譯者自序〉所載，窺其理路，悟光云：

> 此書洩盡象徵密教精神之曼荼羅内容的寓意，並開門見山畢露無遺地論及如何發揮密教精神，及具體表現其意義與價值。能使行者更深入了解密教，免於淪入「左道右巫」思想，實爲大乘行人或修習無上瑜伽者立足之據點。藉此得以正確認識密教之眞諦，摒棄其神秘外衣，體悟其奧祕内容，睜開慧眼，徹見「即事而眞」、「當相即道」之妙諦，進而達到「即身成佛」之目的。〔註 47〕

雖然該文是悟光解釋《密教思想與生活》一書的述要，然在此文，幾乎可以看到悟光對於密教思想的態度。悟光序中直接指出「密教精神」、「密教眞諦」就是「曼荼羅」。以此爲核心，可以作爲大乘行者與密乘（瑜伽）行者的思想核心基礎，從此可以徹見實相妙諦，甚至達到「即身成佛」的境地。「即身成

〔註 46〕有關密教複雜豐富的思想内涵與流傳過程，可詳見呂建福：《中國密教史（一）》（新北：空庭書苑，2010 年），頁 1～3。

〔註 47〕釋悟光：〈譯者自序〉，收入栂尾祥雲著，釋悟光譯：《密教思想與生活》，頁 1。

佛」在真言密教是行者追求的究竟目標，〔註48〕可見悟光將「曼荼羅」思想置於密教的核心，是悟光所認知的密教精神。

並且，悟光如此推重《密教思想與生活》，也普勸讀者對此書「務必從頭讀起」，方能體得密教之精神。因此進一步從該書，觀察密教的「曼荼羅」被奉爲至要的原因，該書云及：

> 同時能夠知見其「如實」且體味其「現實」者，乃是密教之真精神。
>
> 此真精神用「群像」，或「各種種事象」，或「種字」來表現或象徵，
>
> 而概括並充分地表出密教的「全」的觀念，便是「曼荼羅」。〔註49〕

密教真精神之所在，即在於如實體驗一切事物之實相。而這些精神的體驗，若從東密體系的曼荼羅分類，明顯可分其中所述爲四種曼荼羅。〔註50〕如以「群像」表達則是大曼荼羅，以「種種事相」表現是三昧耶曼荼羅與羯摩曼荼羅，以「種字」表達則是法曼荼羅。故引文實已涵蓋東密四種曼荼羅表現的種類，四種曼荼羅自空海《即身成佛義》，組合了胎藏系統的大、三昧耶、法曼荼羅，復加上金剛界系統的羯磨曼荼羅，確立了東密體系四種曼荼羅的表現種類，成爲定式。〔註51〕故此四者，出自東密系統根本經典，四類曼荼，則包含密教所說之一切法界理智，故以曼荼羅能爲體現密教「全」的觀念，實有其理，由此推知對東密傳統而言，曼荼羅足以表達密教世界的完整性，其重要性自不待言。

雖然《密教思想與生活》是從栂尾祥雲原著所譯，但從悟光的〈譯者自序〉可以看出悟光對於該著的推崇，甚而悟光法嗣至今亦推崇該書作爲密教思想至要之入門書籍，對於栂尾氏該著的態度十分肯定。故透過該著，也可見得悟光對於「曼荼羅」的認識內涵，而這種以「曼荼羅」爲法界實相之「全」的精神從《密教思想與生活》的悟光譯序以及其內容可以見得曼荼羅能夠表詮密教全體之精神，故受到重視。如果從東密系統的根本經典架構來看：《大毗盧遮那成佛神變加持經》（以下簡稱《大日經》）爲主的胎藏系統與《金剛頂一切如來真實攝大乘現證大教王經》（以下簡稱《金剛頂經》）爲主的金剛界系統。東密依照此兩部根本經典開演兩部「胎藏」與「金剛界」曼荼羅，以此作爲根本曼荼

〔註48〕釋惟勵：《密教理論與實踐》（臺北：八正文化，2010年），頁100。

〔註49〕栂尾祥雲著，釋悟光譯：《密教思想與生活》，頁129。

〔註50〕四種曼荼羅是東密體系著名的曼荼羅分類，最初可見於開祖空海的《即身成佛義》，東密介紹曼荼羅時，基本以此四種曼荼羅爲其基本。有關四種曼荼羅之內涵，可詳見神林隆淨著，歐陽瀚存譯：《密宗要旨》，頁52～54。

〔註51〕魏常海：《空海》，頁82。

羅，作爲法界理德、智證之全體，亦能爲統攝眞言密教一切法藏義涵要髓之所在。〔註52〕（試見圖1、2）因此，可以理解引文中以曼茶羅爲「全」的思想，其根源與東密傳統上對於曼茶羅的思想理解其實有相連的脈絡。

【圖1】胎藏曼茶羅（元祿本）

資料來源：栂尾祥雲著，高洪、辛漢威譯：《曼茶羅之研究》，
香港：志蓮淨苑文化部，2015年，頁148。

〔註52〕金山穆韶、柳田謙十郎：《日本眞言の哲学》（東京：大法輪閣，2008年），頁29。

【圖2】金剛界曼荼羅（元祿本）

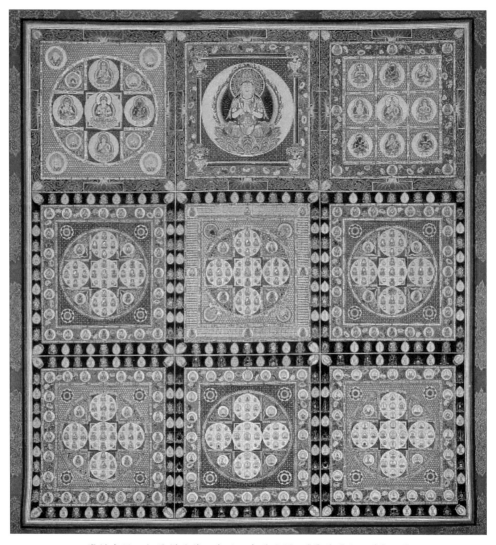

資料來源：栂尾祥雲著，高洪、辛漢威譯：《曼荼羅之研究》，頁
262。

　　再者，空海在《御請來目錄》一文，也表達了對於「曼荼羅」傳承的重
視，空海云：

　　　法本無言，非言不顯；真如絕色，待色乃悟。雖迷月指，提撕無極。
　　　不貴驚目之奇觀，誠乃鎮國利人之寶也。加以密藏深玄，翰墨難載。
　　　更假圖畫開示令悟，種種威儀種種印契，出自大悲一觀成佛。經疏
　　　祕略載之圖像，密藏之要實繫乎茲。傳法受法棄此而誰矣。海會根

源斯乃當之也。〔註53〕

空海對於曼荼羅的態度躍然可見，所謂「假圖畫開示不悟，種種威儀種種印契，出自大悲一覯成佛」，密教「即身成佛」的修行道途當由「曼荼羅」而進，從空海所言呼之欲出。而密教若要得法傳法，空海更說出「傳法受法棄此而誰矣」，幾乎可說是捨曼荼羅而密教傳承則無可延續，這是由於曼荼羅所表達的遍賅法界之一切，「海會根源斯乃當之」，一切法界海會理智德果皆能從曼荼羅展現，因此「密藏之要實繫乎茲」。這種說法，說明了空海對於曼荼羅在密教中的至要性，這也影響了東密傳統始終奉胎藏、金剛界曼荼羅為其至髓。《御請來目錄》的結尾處，尚云「真言祕藏隱密於經疏，不假圖畫不能相傳。」〔註54〕強調曼荼羅是密教師資法法相承，也再次肯定曼荼羅是賴以承載密教要髓的重要載體。因此，空海除定名所創密教本宗之名為「真言宗」之外，還稱自宗為「祕密曼荼羅教」、「祕密曼荼羅法教」、「大曼荼羅法教」……等。〔註55〕此後，東密所傳基本承續此義，舉如小野流祖師釋成尊（1012～1074）《真言付法纂要抄》：「上遊四王自在處、下入海中龍宮，誦持所有一切法門。遂則入南天鐵塔中，親受金剛薩埵灌頂。誦持此祕密最上曼荼羅教、流傳人間」；〔註56〕廣澤流名耆釋濟暹（1025～1115）在《弁顯密二教論懸鏡抄》：「如是法身智身二種色相、平等平等遍滿一切眾生界一切非情界，常恒演說真實語如義語曼荼羅法教。彼曼荼羅教者：金剛頂瑜伽十萬頌經等是也」；〔註57〕東寺法匠釋杲寶（1306～1362）在《大日經疏演奧鈔》：「又真言教名曼荼羅教也。蓋今此經疏意，只以阿字為大曼荼羅王，所謂心王大日故也已。」〔註58〕這些東密著名流派的法嗣連接了密教法義與曼荼羅的關係，皆不約而同以密教為曼荼羅教，認為密教

〔註53〕〔日〕釋空海：《御請來目錄》，收入《大正藏》第 55 冊（東京：大藏經刊行會，1924～1935 年），頁 1064。

〔註54〕〔日〕釋空海：《御請來目錄》，收入《大正藏》第 55 冊（東京：大藏經刊行會，1924～1935 年），頁 1064。

〔註55〕舉如空海所著《祕密曼荼羅十住心論》、《祕藏寶鑰》、《辨顯密二教論》、《即身成佛義》、《聲字實相義》、《大和尚奉為平安城太上天皇灌頂文》、《三昧耶戒序》、《五部陀羅尼問答偈讚宗祕論》……等文，皆稱密教為曼荼羅教。

〔註56〕〔日〕釋成尊：《真言付法纂要抄》，收入《大正藏》第 77 冊（東京：大藏經刊行會，1924～1935 年），頁 416。

〔註57〕〔日〕釋濟暹：《弁顯密二教論懸鏡抄》，收入《大正藏》第 77 冊（東京：大藏經刊行會，1924～1935 年），頁 424。

〔註58〕〔日〕釋杲寶：《大日經疏演奧鈔》，收入《大正藏》第 59 冊（東京：大藏經刊行會，1924～1935 年），頁 347。

法義之全體與至要，皆在曼荼羅。以至於當代東密耆宿如金山穆韶（1875～1958）、栂尾祥雲（1881～1953）、村上保壽（1941～），〔註59〕也都承此曼荼羅說而言密教，顯然從開祖空海開始，就已傳衍了如此的傳統。

故知以「曼荼羅」為密教精神核心的思想其實在東密傳統已久，這種影響顯然也反映在傳承東密法脈的悟光思想裡。除了譯著的序中所見悟光對於密教精神的認識，悟光在自著的密教思想的重要作品《即身成佛觀》也呈現了如此態度。悟光云：

> 法界體性靈體之如來功德，理智不二之活動現象，幽顯不異，現象
> 即實在當體，其活動即法佛之三密作業。〔註60〕

雖然悟光在該著本文之提要並不直言是開示「曼荼羅」之思想，然其言「理智不二」，以之表示密教修行中理德與智證之間的關係，這種「理」、「智」思想，明顯就是來自胎藏界與金剛界曼荼羅的思想，悟光著作所錄載的曼荼羅樣式也確實是東密系統（試見圖3、4）。並其又言不二，更顯得是東密傳統所傳承的重要曼荼羅思想──胎、金不二，或言理、智不二。〔註61〕有趣的是，悟光有近一半的篇幅〔註62〕也確實都在討論胎藏與金剛界「曼荼羅」的意義、結構與思想所呈現的法界體性與修行之路，顯然體現了悟光對於「曼荼羅」的傾心與重視。

悟光重視「曼荼羅」的思想傾向，旁人也可見及。熟識悟光的友人釋明復（1914～2005）依其對於悟光思想的理解，亦說「（悟光）上師依密宗源徹的理論，以『曼荼羅創作』的祕意，來解析『觀世音菩薩』、『軍荼利明王』，揭穿了人類數萬年來『上帝之選舉』的內幕」〔註63〕文中謂「上帝之選舉」是悟光詮釋「曼荼羅」開展的一種方式，重點是在此明復表達了悟光運用「曼

〔註59〕有關當代東密耆宿以曼荼羅為密教精神的內容，可詳見栂尾祥雲著，高洪、辛漢威譯：《曼荼羅之研究》（香港：志蓮淨苑文化部，2015年），頁3；金山穆韶、柳田謙十郎：《日本真言の哲學》（東京：大法輪閣，2008年），頁29；栂尾祥雲著，釋悟光譯：《密教思想與生活》，頁134～135；村上保壽：〈空海の思想と曼荼羅〉，《高野山大學密教文化研究所紀要》，第10號（1997年），頁2～3。

〔註60〕釋悟光：《即身成佛觀》，頁3。

〔註61〕呂建福：〈略論密宗教法在中日兩國的演變〉，《密教論考》（新北：空庭書苑，2009年），頁296。

〔註62〕據筆者統計《即身成佛觀》一書共118頁，論述「曼荼羅」者達45頁，佔全文38%，尚有散落於各章節文句談及曼荼羅者難以計算。

〔註63〕釋明復：〈序〉，收入釋悟光：《上帝之選舉》，頁19。

茶羅」來闡釋修行道理的看法，明復對於悟光的這種認識與悟光著述所呈現出的風貌實同。

【圖3】胎藏曼荼羅（悟光著作版）

資料來源：釋悟光：《即身成佛觀》，曼荼羅頁。

【圖4】金剛界曼荼羅（悟光著作版）

資料來源：釋悟光：《即身成佛觀》，曼荼羅頁。

　　另外，悟光在論述密教實修的著作《如來秘密訊息（上）》，述及有關佛
典所出「光明身」、「應化身」、「定自在力」、「三昧力」、「神通力」……等表

徵法界奧妙玄變的境界，在經典秘而不宣，然「眞言密教中卻有此一方法與說明」〔註64〕即「全示於曼荼羅中」。〔註65〕可見曼荼羅不僅是顯現法界神祇的圖畫而已，在此圖畫之中，諸佛、菩薩、明王、諸天等神祇之排列，手結之印契、擎持之法器，皆是具有表法功能之象徵。從此表達密教一切空間、時間觀，亦蘊含密法實踐的妙義，也是悟光所認爲諸種密教法門實修實證奧旨含藏之所在。

即使疏解佛典，悟光也在其中適時穿插了密教的曼荼羅思想加以發揮。如《心經思想蠡測》〔註66〕便以曼荼羅來表示諸法之實相。悟光云：

> 實相亦名道，是宇宙萬物諸法之源，永恆而不生不滅之理智德性，
> 此德性沒有止境地活動著！……開悟證實，但無法以言語表達，遂
> 繪於圖面來暗示其中之理趣，這叫做曼荼羅，曼荼羅又名壇城，其
> 中或有以尊形，或有以標幟，或有以種字來表達宇宙道理。〔註67〕

《般若波羅密多心經》一般歸屬於般若部經典，然悟光仍時現其密教曼荼羅的思想。首先，曼荼羅所代表法界整體理智不二的活動性，呼應了悟光在《即身成佛觀》所言，顯示了悟光思想的一致立場。再者，悟光在解經時，所面臨般若實相的言語道斷時，卻透過密教曼荼羅思想的援引，解決了這種無法言喻的問題。以曼荼羅來詮解該經所謂般若之「實相」，其所解釋，也是詮解了曼荼羅所代表法界的「全」，也是說明了曼荼羅具有指涉實相要髓的功用。

因此，悟光對於密教曼荼羅所示樣貌，可見其不斷引爲密教精神的曼荼羅，在於其所表徵之「全」，這種「全」，包括密教之全、宇宙之全、法界之全，以至於這種「全」能涵攝密教法義，故亦有指涉密教精神至髓之義。若以悟光著作之文句總結悟光對於曼荼羅的態度，可試見《上帝之選舉》一句所傳達悟光的思想，其云：

> 密教之金胎二部曼荼羅中所化之諸尊皆是宇宙大靈中之無量無邊基
> 因德性的縮寫。〔註68〕

悟光直言這就是宇宙中一切萬象之縮寫，曼荼羅就是密教全體、法界全體，亦是密教之縮寫、法界之縮寫。是全體，亦是至髓。

〔註64〕釋悟光：《如來秘密訊息（上）》，頁142。
〔註65〕釋悟光：《如來秘密訊息（上）》，頁142。
〔註66〕本著之「心經」，是指《般若波羅密多心經》。
〔註67〕釋悟光：《心經思想蠡測》，頁31～32。
〔註68〕釋悟光：《上帝之選舉》，頁185。

　　另外，悟光亦在《即身成佛觀》，總論了其對於「曼荼羅」的態度，悟光云：

　　　　胎藏界是宇宙之眞理，萬物是其功德所顯現。金剛界是其智用乃修
　　　　行之順序，自迷昇進到成佛境界，……兩部即是宇宙，亦即是社會
　　　　各物之縮寫，可以說是佛之活動方式，亦是諸尊之功德加持互相涉
　　　　入成佛，並啓發眾生之作業現象的藍圖。曼荼羅即宇宙理智全體之
　　　　實相也。〔註69〕

胎藏界是宇宙實相之理體，代表眾生與法界本有的之體性，而後，經修行而
成佛，所成佛果功德，即是金剛界所云之「智用」之境界。此所以爲眞言密
教「理」、「智」之層次。胎藏界爲眾生與佛之本有體性，金剛界爲佛果成就
之智用境界。故眾生與佛，約「理」而言實同，而經修行相應也就能達佛地
之「智」。是故金、胎二界曼荼羅實爲不二，實有交涉。這些作用與表現，則
是宇宙全體之實相。因此，悟光所述其實已經將密教兩界曼荼羅的意義完整
呈現。而其理路，終認爲「曼荼羅」能表詮宇宙實相。而若能達到理、智不
二之體悟，證入法身，則是體證大日如來永恆之境界。〔註70〕

　　以上這些態度，不脫離以曼荼羅表徵理智，以此表法界全貌的意思，基
本上皆是東密傳統的思想理路。如東密奉爲解釋《大日經》至要之疏鈔《大
日經疏》就云：

　　　　夫曼荼羅者名爲聚集，今以如來眞實功德集在一處，乃至十世界微
　　　　塵數差別智印，輪圓輻湊，翼輔大日心王，使一切眾生普門進趣，
　　　　是故說爲曼荼羅也。〔註71〕

從此可知曼荼羅即有涵攝法界一切如來功德（理智）之義。承此義，悟光以
曼荼羅爲「全」爲「至髓」的態度，實可系聯至悟光的東密法承，也可回溯
到栂尾祥雲《密教思想與生活》所指出曼荼羅的精神，回溯至東密傳統重視
曼荼羅思想的態度。

　　承上所論，悟光重視「曼荼羅」，並以「曼荼羅」爲密教精神的態度與東
密傳統實可聯繫，並且悟光本身傳承東密法系，這種思想的取徑並不令人意

〔註69〕釋悟光：《即身成佛觀》，頁36。
〔註70〕釋悟光：《即身成佛觀》，頁67。
〔註71〕〔唐〕釋善無畏述，釋一行記：《大毘盧遮那成佛經疏》，收入《大正藏》第
　　　　39冊（東京：大藏經刊行會，1924～1935年），頁626。

外。而繼續追尋悟光曼荼羅思想的是，除了承續東密傳統所側重的曼荼羅思想，悟光實質理解曼荼羅的內涵。首先需注意到的是，從栂尾祥雲《密教思想與生活》一書之架構來看悟光所認識的曼荼羅內涵。由於悟光強調栂尾氏《密教思想與生活》一書「洩盡象徵密教精神的曼荼羅之寓意」，〔註72〕甚至以此書作爲大乘行者與密乘行者立足的據點。認爲藉此才得以「正確認識密教之眞諦，……，體悟其奧秘內容，睜開慧眼，徹見妙諦，進而達到『即身成佛』之目的」〔註73〕是密教行者必讀之書籍，普勸讀者必須從頭至尾細讀詳閱那麼該書所掌握的觀念。透過其詞，可以見得悟光對於該書的推崇與讚賞溢於言表，幾乎到無以復加的地步，也是一種以譯爲著的撰述態度，至今悟光法嗣對於習密或學密者亦仍首推該著。〔註74〕是故筆者對於悟光所說該著全是發揮闡釋曼荼羅精神之處，加以切入，循著悟光對於該著的思想認識，來逐漸呈現悟光曼荼羅思想所著重的內涵。

　　《密教思想與生活》一書，全著架構分爲五章。第一章爲「密教的精神」，主要論述密教「粹實」、「至實」之精神是超越言詮的，此祕藏奧旨即是曼荼羅之顯現。其引善無畏、一行的《大日經疏》：「此是如來祕傳之法，不可形於翰墨。故寄在圖像以示行人，若得深意者，自當默而識之耳。」〔註75〕與空海《御請來目錄》：「密藏深玄，翰墨難載。更假圖畫開示令悟。」〔註76〕之宗旨闡述密教曼荼羅精神，在於胎藏界之法界理德與金剛界之如來智證。

　　第二章爲「密教之表達」，強調「密教精神是一種個我活現於『全一』的精神。」這種密教的「全」的精神在前述以有闡明，其所謂「全」也就是曼荼羅胎藏界與金剛界表示的「理」與「智」，此是法界全貌，前述已有說明，此是本章所述最重要之表達。

　　第三章「密教之特質」則言密教異於顯教之處，在於秘密莊嚴心之超勝，爲大日如來法身之密嚴境界。〔註77〕其以空海《祕密曼荼羅十住心論》的顯

〔註72〕釋悟光：〈譯者自序〉，收入栂尾祥雲著，釋悟光譯：《密教思想與生活》，頁1。

〔註73〕釋悟光：〈譯者自序〉，收入栂尾祥雲著，釋悟光譯：《密教思想與生活》，頁1。

〔註74〕2015年1月17日訪問五智山光明王寺釋徹定。

〔註75〕〔唐〕釋善無畏述，釋一行記：《大毘盧遮那成佛經疏》，收入《大正藏》第39冊，頁631。

〔註76〕〔日〕釋空海：《御請來目錄》，收入《大正藏》第55冊，頁1064。

〔註77〕「秘密莊嚴心」爲空海《秘密曼荼羅十住心論》十住心判教的最高境界，爲大日如來的證地。

密判教爲準，指出空海《祕密曼荼羅十住心論》的論述是來自《大日經》所言之「如實知自心」，此說其實空海在論中已有說明，空海云：

> 所謂胎藏海會祕密莊嚴住心者，即是究竟覺知自心之源底。如實證悟自身之數量。所謂胎藏海會曼荼羅、金剛界會曼荼羅、金剛頂十八會曼荼羅是也。如是曼荼羅各各有四種曼荼羅四智印等。言四種者：摩訶三昧耶達磨羯磨是也。如是四種曼荼羅其數無量，剎塵非喻、海滴何比。經云云何菩提謂如實知自心此是一句含無量義。〔註78〕

故此該書云其祕密莊嚴的修行是來自於「究竟覺知自心之源底，如實證悟自身之數量也」。〔註79〕此想法則是依循空海據《大日經》與《金剛頂經》所闡述的曼荼羅思想，也依據善無畏、一行所著《大日經疏》曼荼羅即是心王種種相貌之義而演釋，〔註80〕也就是胎藏界法界本具諸迷悟之理德所成悟有深淺之十住心，此種論調亦是東密傳統之說。〔註81〕

第四章爲「密教之安心」，此處之安心，承續前章所言以空海依《大日經》思想所造的《祕密曼荼羅十住心論》而論，以「祕密莊嚴」之安心爲究竟。其所謂「祕密莊嚴」的究竟安心，仍是建立在《大日經疏》的胎藏思想與空海的曼荼羅思想。本章云「掌握到本心，覺知自心源頭，把握了內外貫通一切之流動生成的『生』其物的力量」，〔註82〕此處所謂能「生」之力的思想，從曼荼羅之義則需溯源至《大日經疏》的胎藏思想。如《大日經疏》云：

> 如蓮種在堅殼之中，枝條花葉之性已宛然具足。猶若世間種子心，從此漸次增長，乃至初生花苞時，蓮臺果實隱於葉藏之內，如出世間心尚在蘊中。又由此葉藏所包，不爲風寒眾緣之所傷壞，淨色鬚蕊日夜滋榮，猶如大悲胎藏。既成就已，於日光中顯照開敷，如方便滿足。〔註83〕

〔註78〕〔日〕釋空海：《祕密曼荼羅十住心論》，收入《大正藏》第77冊（東京：大藏經刊行會，1924～1935年），頁359。
〔註79〕栂尾祥雲著，釋悟光譯：《密教思想與生活》，頁170。
〔註80〕栂尾祥雲著，高洪、辛漢威譯：《曼荼羅之研究》，頁105。
〔註81〕呂建福：《密教論考》，頁175。
〔註82〕栂尾祥雲著，釋悟光譯：《密教思想與生活》，頁274。
〔註83〕〔唐〕釋善無畏述，釋一行記：《大毘盧遮那成佛經疏》，收入《大正藏》第39冊，頁610。

這是東密依據《大日經》系統所建構出的胎藏界曼荼羅至要的思想來源，其言法界理德如本有胎藏，涵藏法界一切含識，從此能出生諸義，亦能出生諸佛。〔註84〕胎藏思想基本以此生發涵義爲其核心，〔註85〕因此，若依曼荼羅之義而述「生」，當與此胎藏思想有所關聯。

　　第五章爲「密教之修養」，論述密教一切儀式之修行必須「把握眞佛」。其云「如果心境上宿此全一的眞我之姿，眞佛當體，就能發揮其無限全一的一切力量，以眞我的全一佛，去活現一切了。」〔註86〕心境上所現諸佛，並當體如知，這可呼應《大日經》所言心生諸佛的胎藏曼荼羅思想，並與空海所云「如實知自心」的思想是同樣理路。以此顯現諸佛與當體覺知的心去修行爲密教修養的重點。這也是東密傳統的重點，如東密前賢釋杲寶在《大日經疏演奧鈔》即言：「自心中心王，大日尊心數曼荼羅，三界唯一心，心外無別法，自心自供養，色心不二故。」〔註87〕高野山學匠釋宥快（1345～1416）云「引塵道世界當機眾，令悟入自性會法界曼荼羅義可得意。故同入之言在隨義引入悟入。」〔註88〕謂心性、自性中即能現諸如來，即是曼荼羅，都是這種東密傳統思想的呈現。

　　第六章爲「密教之生活」，此章將密教精神之曼荼羅與生活結合，論述生活中能當下體認一切現實，活現密教曼荼羅思想，就是曼荼羅思想的實踐。該章云：「一切生命通過個體去活現全一，故欲活現全一非此個體不可。」〔註89〕再次強調了密教的曼荼羅思想——「全」，並云及透過人的個體可以活現此精神。若以曼荼羅思想的「全」的內涵而言，也就是說生活中如實體驗法界理德，活現如來智證精神之義。本章在密教精神與生活的連結性有一段重要的陳述，足以概括全章，其云：

　　　　所謂密教精神或密教安心，若只於頭腦中有個概念，或僅口頭上說
　　　　體認或法悅，那都是不夠充分的。要把體認或法悅表現於日常生活

〔註84〕〔唐〕釋善無畏、釋一行譯：《大毘盧遮那成佛神變加持經》，收入《大正藏》第18冊，頁5。

〔註85〕侯慧明：《胎藏曼荼羅研究》（西安：陝西師範大學宗教學系博士論文，2010年），頁108。

〔註86〕栂尾祥雲著，釋悟光譯：《密教思想與生活》，頁305。

〔註87〕〔日〕釋杲寶：《大日經疏演奧鈔》，收入《大正藏》第78冊，頁884。

〔註88〕〔日〕釋宥快：《大日經疏鈔》，收入《大正藏》第60冊（東京：大藏經刊行會，1924～1935年），頁69。

〔註89〕栂尾祥雲著，釋悟光譯：《密教思想與生活》，頁356。

中，如穿衣、吃飯、睡覺、活動、應對等完全溶入，將之變成血與
肉之去活現才成。能夠以此體驗內容溶於日常生活，自然能同化種
種因緣所醞釀的周圍事物，成為活現全一。此即是密教精神，亦是
密教生活。〔註90〕

強調了密教精神延伸入生活以活現全一，承上述是延伸了曼荼羅之義到生活
之中。此種延伸義，固然能夠與前述密教曼荼羅表示宇宙法界一切眾生萬事
萬相的「全」的精神。然據筆者查察，從東密古疏中，未見有直接言密教與
生活的關係。該著在論述過程中，也確實少見引用東密佛典或是祖師著書進
行佐證，不知是否也意識到此說古疏尚無說法，僅引密教部佛典《大日經》：
「王位自在，處於宮殿。父母妻子眷屬圍繞，受天妙樂而不生過。」〔註91〕
與經集部佛典《維摩詰經》維摩詰處世修行之例來表示世俗生活與密教修行
的不相違背，筆者以為此說有可能是栂尾祥雲對於密教曼荼羅精神的延伸與
詮釋，即使如此，其所詮的思想根源尚是從曼荼羅思想發揮，仍可視作曼荼
羅精神的顯現。

　　無論如何，《密教思想與生活》一書的內容或有取徑古籍或有自我詮釋，
然就其思想根源，確實與東密傳統所說的曼荼羅思想有密切關係。全書主軸
圍繞著「生」與「體驗」法界真理，即是大日經胎藏界的胎藏思想，強調發
生義。而其「活現」真佛當體則能連接金剛頂經金剛界的智證思想，表徵如
來所證智，一切之活現此智，就是活現真佛當體。又東密言此兩部曼荼羅不
二，因此，兩部曼荼羅同時表徵法界之「全」，也是著作中屢屢提到的思想脈
絡。因此，從這些觀念的思想連結來看，其實首尾相連、篇幅完整，考察其
內涵之要義，亦能連接東密古來之曼荼羅思想。以此論，悟光言該書是密教
曼荼羅思想之呈現，並以此著為密教曼荼羅精神之認識，實有其理據。並從
該書之主構，確實可見到悟光強調曼荼羅思想為密教精神，當與對該書的譯
述、推崇、認識有所關聯，是故，從此著所言，也可以呼應為何悟光不斷強
調曼荼羅所代表的「全」的精神，是由於理智不二所表徵之法界全體，以及
曼荼羅所能夠表示的「至髓」的精神，是空海所言曼荼羅祕密莊嚴的究竟住
心，這些在《密教思想與生活》也都一再言及。也就是說悟光是根據《密教

〔註90〕栂尾祥雲著，釋悟光譯：《密教思想與生活》，頁357。
〔註91〕〔唐〕釋善無畏、釋一行譯：《大毘盧遮那成佛神變加持經》，收入《大正藏》
　　　　第18冊，頁39。

思想與生活》一書與東密傳統之曼荼羅精神爲主來建立密教思想觀念的主
軸，是故從此也可兜合「悟光密教思想——《密教思想與生活》——東密傳
統」三者關係成爲一個緊密的網絡。

　　因此，悟光在《即身成佛觀》云：「理智不二之活動現象，幽顯不異，現
象即實在之當體。」〔註92〕若言理智不二的活動，實可以延伸至悟光所推崇
《密教思想與生活》一書所言種種之表現，而更深一層聯繫，則可溯至東密
傳統之曼荼羅思想。

　　至於悟光在其他著作，也不斷發揮著東密傳統的曼荼羅思想。前已述及
的《即身成佛觀》綜論「胎藏界」與「金剛界」之之圖樣架構、法意表詮，
全依東密傳統而論。悟光以曼荼羅爲密教精神，其論述的脈絡也幾乎依照東
密傳統與著作而闡述。對於金胎不二、理智不二的東密曼荼羅觀點，自然也
是信受無疑的。然悟光在運用曼荼羅思想論述時，其實仍可以觀察出其運用
時仍有稍重於《大日經》系統的胎藏曼荼羅思想的傾向。

　　《即身成佛觀》言及密教人生觀時，以東密所持《釋摩訶衍論》的十識
說爲基礎立論「無量識」，論述法界的諸多層次，對於十界的苦樂，全從心王
開顯的角度切入。其云：「迷悟一心，迷墮六道，悟成四聖是心的境界。」〔註
93〕而對於十界之六凡四聖，從心之解釋，有扼要說明：

> 地獄即是生命本有之魔性衝動所支配的痛苦心理狀態。餓鬼即生命本
> 有之慾性衝動所支配之痛苦心理狀態。畜生即生命本有之怯弱性所支
> 配之恐怖心理狀態。……修羅即生命本有之好鬥性所支配之驕傲好勝
> 之心理狀態，……人是生命本有之不善不惡之平等的心理狀態；天是
> 生命本有之慾望滿足的心理狀態；聲聞是生命本有之向善求真理的心
> 理狀態；緣覺是生命本有之自覺宇宙真理的心理狀態；菩薩是生命本
> 有之利人的喜悅狀態，佛是生命本有之全一自證狀態。〔註94〕

悟光依序由凡而聖解釋法界層次的成因，是由於「生命本有」的某種心理顯現
而致，其述即心理狀態的內容與對應的法界層次大致沒有問題，而此論述關鍵
爲「生命本有」，即是這些心理狀態的來源都是本具本有的心性，從六凡四聖的
境界來看，本具心性有善有惡，有悟有迷，端看開顯何種心性而成何種境界。

〔註92〕釋悟光：《即身成佛觀》，頁45。
〔註93〕釋悟光：《即身成佛觀》，頁59。
〔註94〕釋悟光：《即身成佛觀》，頁59～60。

此類之例，尚如《即身成佛義》論述煩惱與菩提之關係，亦從無量心識的角度切入，悟光云：

> 眾生之五蘊即如來五智，五智各具無際智，眾生之五蘊爲心王，各具無量心所，迷故成煩惱，悟者爲菩提，乃是如來三密之功德，亦即如來理智之德。〔註95〕

其以眾生心具有無量的心性，若據迷惑據悟者開展，則有煩惱與菩提之差異，若能轉五蘊爲五智，則煩惱、菩提不相差別。

再如，悟光於《上帝之選舉》一書闡述心王主宰之開顯，當由心之無量心識而擇，其言：

> 心之秘密深藏之無量基因德性，千差萬別。
>
> 有總德如來基因德性，有菩薩之基因德性，有眾生之基因德性。
>
> （眾生）各有七情六欲之基因德性，有生殺之基因德性，有強盜之基因德性，有妄偽基因德性，有邪淫之基因德性，有好酒之基因德性，有邪見之基因德性，有瞋怒之基因德性，有癡呆之基因德性，有聰明之基因德性，有怠惰之基因德性，有伶俐之基因德性，有美之基因德性，有醜陋之基因德性，有好文學之基因德性，有好辯論之基因德性，有致富之基因德性，有貧窮之基因德性，有好人之基因德性，有欠人緣之基因德性。〔註96〕

在此，悟光言明「心」所含藏，有無量特質，此「特質」即悟光所謂「基因德性」：從如來、菩薩之清淨基因，至眾生之染雜德性俱有，「這無量無邊之基因德性皆藏於我們各自之心中」。〔註97〕

綜觀悟光在諸著敘述心性無量之迷悟德性，若從中開顯則能顯淨顯染，顯淨則聖，顯染則凡。這種思想與胎藏曼荼羅的關聯，悟光終於在《上帝之選舉》一書中直言，此與胎藏有關：

> 基因德性未顯之前如處在胎內的狀態故名胎藏，接近中央部分表漸進覺悟之理性，愈遠表示愈迷之眾生性。〔註98〕

是故，知曉胎藏所含藏理德爲法界眾生本具未發顯之一切基因德性，其內容

〔註95〕釋悟光：《即身成佛觀》，頁95。
〔註96〕釋悟光：《上帝之選舉》，頁135～136。
〔註97〕釋悟光：《上帝之選舉》，頁138。
〔註98〕釋悟光：《上帝之選舉》，頁98。

有覺有迷，這是悟光對於心性無量說法的曼荼羅思想根據。

若論東密傳統的心性論調，心性本具迷悟，一者，是來自東密立論於《釋摩訶衍論》十識理論的無量識說，認為一切十佛剎微塵數的一切心王為一識，名第十識。〔註99〕這種思想從空海始就有說法，空海之《祕藏記》記載：「（密教）以八葉之尊含攝一切心主，是為八識；以八葉及中臺之尊含攝一切心主，是為九識；以十佛剎微塵數之一切心主攝於一識，是為十識。」〔註100〕這裡的八葉與中臺之說，在東密傳統，惟指胎藏之「中臺八葉院」，故知其所云乃立基於胎藏而言。之後東密傳統則依空海之說，如東密古德濟暹亦述：「法佛內證無垢淨識及識所持十佛剎微塵數之心數諸功德法，是法雖無量無盡而皆悉一味常住堅固性。」〔註101〕即是如此思想之呈現，而高野八傑之一的釋道範（1178～1252）在《行法肝葉鈔》述及「本有菩提心大地」〔註102〕也是具有指涉胎藏心性之義。再者，《大日經》的胎藏曼荼羅思想所云胎藏所含法界理德，其德有迷有悟，如《大日經疏》云：「如蓮種在堅殼之中，枝條花葉之性已宛然具足。猶若世間種子心，從此漸次增長，乃至初生花苞時，蓮臺果實隱於葉藏之內，如出世間心尚在蘊中。」〔註103〕因此，具體來說，無量識說也是從《大日經》胎藏思想而來，兩者實互有交涉。

綜上所論，悟光密教思想的主軸，主要圍繞在東密傳統的曼荼羅思想進行論述，其以曼荼羅思想為密教精神，重視東密傳統金剛胎藏兩界根本曼荼之說與《密教思想與生活》之內涵為基礎，而餘所論，則兼側重胎藏曼荼羅思想以述心性開顯以至法界開顯為其曼荼羅思想之呈現。

（二）悟光密教觀念取徑的討論

悟光的密教思想的觀念，幾乎是承續自東密傳統，以此為主軸開展其說。承上述諸論，已然可見，對於東密傳統思想關涉之深，其實更呼應了悟光作

〔註99〕吉田安晢著，李世傑譯：〈從瑜伽唯識行到密教〉，收入高崎直道等著，李世傑譯：《唯識思想》（新北：華宇出版社，1986年），頁340～343。

〔註100〕〔日〕釋空海：《祕藏記》，收入《真言宗全書》第9冊（臺北：新文豐出版社，1980年），頁20。

〔註101〕〔日〕釋濟暹：《大樂經顯義抄》，收入《大正藏》第61冊（東京：大藏經刊行會，1924～1935年），頁627。

〔註102〕〔日〕釋道範：《行法肝葉鈔》，收入《大正藏》第78冊（東京：大藏經刊行會，1924～1935年），頁882。

〔註103〕〔唐〕釋善無畏述，釋一行記：《大毘盧遮那成佛經疏》，收入《大正藏》第39冊，頁610。

為東密法承密教僧侶的身分，這點應是可以確認之實。

　　然而，傳承東密法脈的悟光接受了東密傳統實可理解，但不可忽視的是，悟光修學歷程另一段的密教學習——藏密，悟光學習藏密近十年，然而，考察悟光密教曼荼羅思想，幾乎不見藏密的蹤跡，藏密在悟光的密教思想似乎已然邊緣，然此種景況實有跡可循。其一，悟光雖有習學藏密，但最終未得阿闍梨灌頂。〔註104〕從身份來說，悟光可以是修持有素的藏密檀信，但並非法嗣。並且，悟光在六龜閉關期間確實面對修行問題，也直言藏密的說法無法解惑，因此，決意修持東密，這是考慮到法脈身分的轉換對悟光密教思想認同的影響，自六龜閉關後，悟光在密教的態度上就顯然定向於東密。其二，藏密的曼荼思想其實與悟光所言及與東密所言都明顯不同。藏密沿著金剛乘系統的密教思想發展，以至於發展為後期密教著重於無上瑜伽部，〔註105〕這是東密系統隱而不顯的思想。由於歷來對於無上瑜伽部的議論頗多，〔註106〕因此必須先對無上瑜伽部與東密的關係稍作釐清。空海傳入日本的密教傳承，是屬中期密教的系統，基本上其密教體系與後期密教為主的藏密系統其發展的理路殊異，而後期密教思想舉如樂空等思想元素，雖然也可在如東密的《金剛頂經》系與般若理趣經……等佛典見其蛛絲馬跡。然而，這些思想在東密系統畢竟是隱而不顯，對這些樂空思想元素的詮解基本也是置於東密傳統胎藏、金剛界兩系傳承的思想架構下論述，〔註107〕與藏密的立論基準也大異其趣，更遑論藏密據後期密教思想所建構出的「無上瑜伽部」。所謂「無上瑜伽部」的說法更是無見於東密傳統中，至此，可以清楚理解東、藏密的根據雖然源遠於印度，彼此經典亦各有流傳，然由於歷史發展傳入的時空環境不同以至於東、藏兩系統所著重的思想主軸亦呈現極為殊異的風貌。是故，藏密無上瑜伽部的思想，已發展為氣、脈、明點……等修持天色身為要的密教系統，〔註108〕與東密以心觀為主的修持方式有顯著差別。這種思想內涵的實質歧異，都可能是造成悟光在東密體系中難以再吸收藏密思想的隔閡。

〔註104〕釋悟光：〈滄桑回憶錄〉，釋悟光手稿。
〔註105〕佐佐木教悟、高崎直道、井之口泰淳、塚木啓祥著，釋達和譯：《印度佛教史概說》（新北：佛光文化，1998年），頁115～118。
〔註106〕懷海圓智：《佛教秘密‧秘密佛教的新視野》（臺中：一切智智國際文創有限公司，2013年），頁48～49。
〔註107〕松長有慶著，心靈雅集編譯組譯：《揭秘寶庫　密教經典（理趣經）》（臺北：大展出版社，1997年），頁103～132。
〔註108〕釋印順：《印度佛教思想史》，頁438～439。

並且，從實質的曼荼羅內涵觀察，藏密的思想主軸重於無上瑜伽部，其主要重視的曼荼羅亦以無上瑜伽部為主，主要有分為以「方便空」為義的「父續」、以「般若大樂」為義的「母續」與以綜合父方便與母般若兩者為義的「無二續」三類曼荼羅。〔註109〕父續主要以「密集金剛」為要，母續主要以「勝樂金剛」為要，無二續以「時輪金剛」為要。〔註110〕

至此，可以見得藏密主要重視的曼荼羅和東密以表「理德」的「胎藏」與表「智證」的「金剛界」為主的曼荼羅體系的落差，〔註111〕當然也與悟光密教曼荼羅思想的主要觀念甚為殊異。

悟光密教曼荼羅思想的主軸確實都在胎藏、金剛兩部曼荼羅的思想架構之下談論密教法理，甚至在一些著作呈現曼荼羅思想時，尚表現出偏好於胎藏曼荼羅思想的內涵，實際而論，東密系統雖言金胎不二，然在曼荼羅的思想展現上，仍有側重胎藏的意味。〔註112〕故悟光曼荼羅思想的偏好，實際上仍然是反映了東密傳統的特質，也呼應悟光東密法承的身分。至於藏密思想，則在悟光修學歷程的選擇與東、藏密思想體系的距離上逐漸退場，最終，顯現了東密系統為主的曼荼羅思想成果。

四、結語

悟光佛教思想的主軸，在於「禪」與「密」兩者。悟光的禪思觀念，主要在六祖慧能以來的思想架構下論述，取徑傳統，這與惠能以後南宗禪逐漸主導中國禪宗的歷史洪流有關，復以悟光自身亦於傳統禪寺所受薰陶，故其觀念，仍不離於傳統禪宗的思想體系，以「當下直認」、「無相」、「空」作為禪思主構。

悟光的密教觀念，主要在東密架構之下進行論述，源於傳統，以「曼荼羅」為密教精神，開展悟光密教思想的主軸，其立基於東密曼荼羅所重視的密教精神──「全」、「至髓」、「生」與「活現」等主要觀念，是依據東密根

〔註109〕全佛編輯部主編：《密教曼荼羅圖典一──總論・別尊・西藏》（臺北：全佛文化，2013年），頁185。

〔註110〕昂巴：《藏傳佛教密宗與曼荼羅藝術》（北京：人民出版社，2011年），頁143。

〔註111〕金岡秀友著，蔡東照譯：〈曼荼羅的哲學〉，收入松長有慶、金岡秀友、清水乞、杉浦康平、賴富本宏著，蔡東照譯：《曼荼羅的世界》（新北：濃濃出版社，1990年），頁67。

〔註112〕金岡秀友著，蔡東照譯：〈曼荼羅的哲學〉，收入松長有慶、金岡秀友、清水乞、杉浦康平、賴富本宏著，蔡東照譯：《曼荼羅的世界》，頁67～68、75。

本曼荼羅——胎藏本有法界理德與金剛界修成如來智證所發顯的思想。

「禪」與「密」作爲悟光佛教思想的兩大面向，分屬顯教與密教的範圍，而在悟光的思想體系中兩者之間卻有相當關連。若以顯、密而分，禪與密則爲不同範圍之佛學。悟光身爲密教僧侶，究竟仍以密教境界作爲宗教的最終依歸。然其援禪識空，作爲入密教之門基，悟光佛教思想的禪密關係便顯現出修行上的次第性。

悟光多次指出佛教之修行，都必須從「空」而入，即使是密教法門，依舊由「空」入門，其云：「顯教一定要從空門入，眞言宗是否也要從空門入？也要從空門入。入空門是要從理念入，再從理念出來，要在修持中，印證理念。」〔註113〕對此悟光法嗣徹定也頗有體悟，徹定云：「（悟光）爲要眾學人於修持中印證理念，在體現粹實至實，『金剛』、『胎藏』不二，唯有從空門入。」〔註114〕

至此可以明白，悟光是以「空」爲契入密教「金胎不二」體系的鎖鑰，藉空義的理解作爲學理基礎的關鍵，把握此精神來進行佛教諸學的理解，更進一步能入密乘法海，而體證眞言密教的密嚴境界。

因此可知其實悟光運用禪家的「無念法門」體見「空性」，並非以此爲盡頭。禪家之無，即是體驗了「空」，而從此「空」門，則是爲親見法界實相。悟光謂：

> 「實相」者現象之源頭，其源頭即空，空並非無一物之空，是萬物生成之原理，依肉眼看不見故曰無相，其無相即佛性，或云眞如，或云法性，或云法界體性，這體性乃充滿時空，而不斷地活動的常住性。〔註115〕

悟光對於無相，又更進一步分析稱爲「無相」的原因，然後稱這個「無相」，實際上是「眞如」、「法性」、「法界體性」，甚而肯定這些「體性」的「常住性」。

悟光云及此「無相」的空性，其實是指向法界體性的「常住性」。於此悟光已經隱微透露出其修行觀念的路徑，是從空入有。在悟光所承傳的東密體系，法界體性的緣起是六大，能彰顯此六大緣起所聚合的法界體性依佛尊而言是「大日如來」，依圖像所示是「曼荼羅」，這是有宗的立場。而對於悟光

〔註113〕釋悟光：《肇論講記》，頁11。
〔註114〕釋徹定：〈前言〉，收入釋悟光：《肇論釋義》（高雄：五智山光明王寺，2013年），頁3。
〔註115〕釋悟光：《新編正法眼藏》，頁15。

而言，「空」、「有」並非對立，兩者有其次第性，相輔而成。悟光在《肇論講記》有言：

> 真言宗是有宗。有宗是什麼宗？有宗是從空中生出來的，肯定出來的宗，是真空妙有的有宗。我們所看到的凡夫有，禪宗入進去的是空門、空宗。我們自空中跳出來，再肯定，再實在去做佛的工作，作金剛薩埵的工作，做覺有情的工作，這樣我們才能成佛。〔註116〕

悟光明示，「禪」與「密」之間的次第關係，是先示入「空義」以破凡夫「有」見，這是契入佛理的第一步，之後，尚要從「空義」再入「妙有」，如此的「有」的境界，方是密教境地，方是成佛境界。悟光轉化了傳統禪宗的工夫進路，將「禪」的方法，加以援用，成為進入密教法門的要徑，而禪家最終所言及的體驗空性，就被悟光引入密教修行的入門階次，從此，則能歸於密教法門次第的修習。

其實從早期《瑜伽養生術與祕密道》所述就可以看出悟光同時注意到禪與密都是可以修道證悟之途，〔註117〕只是真空生妙有，故最終言「證道唯密門」。〔註118〕

綜觀悟光所呈現的佛教思想，始終保持著這個主軸來看待禪、密。悟光在東密傳統之外，別援禪思以「空」之體驗奠定入密基礎。這種引入禪思想援以作為密教基礎的想法，固然以悟光的密教僧立場，密教的祕密莊嚴境界無疑是最勝究竟，並從在臺灣六龜閉關時期悟光對於高野山的嚮往以及赴日求法時的堅持與返臺後的密教論述，可以看見悟光對於東密的法教思想確信的立場。這樣的大信心，對於密教修持者而言也是絕對至要的存在──隨師承而學，必如師承而成就。〔註119〕然悟光對於顯教的禪，卻是有意識地加以援用、操作，雖然從悟光實質運用「禪」的層次與目的來看，仍然可以確定悟光是有顯密的意識，並且也確信密教是究竟。但悟光強調從顯教的「禪」精神來掌握「空」，實質的援入自我的思想體系。這點若從東密傳承祖師系譜觀察，可以發現悟光的

〔註116〕釋悟光：《肇論講記》（香港：資本文化，2016年），頁13。

〔註117〕釋悟光：《瑜伽養生術與祕密道》，頁229。

〔註118〕釋悟光：《瑜伽養生術與祕密道》，頁223。

〔註119〕有關密教師徒之間密不可分的誓願與系聯，例如《大毘盧遮那成佛經疏》云：「佛勅者當知即是師教以師順佛教，作故更問也。」可詳見釋善無畏述，釋一行記：《大毘盧遮那成佛經疏》，收入《大正藏》卷39，頁732。而密教重視師徒關係之事也可詳見松長有慶著，吳守綱譯：《東方智慧的崛起──密教》（臺北：大千出版社，2008年），頁118～119。

這種思想結構其實非先例，最明顯的是與東密傳持八祖之一——唐代的釋一行
（683～727）援禪之心地法門以輔密教思想的作法頗爲類似。〔註120〕然空海返
日所傳的密教傳統，基本上仍維持在密教思想系統之下修學，並未形成顯密兼
持的共識與傳統。這點很有可能與空海當時返日的社會環境有關，當時爲使密
教能別於南都六宗的舊派佛教，在平安京能迅速樹立己宗之義理系統，無論是
空海的眞言宗或是最澄（767～822）的天台宗，都進行了區別己宗與他宗思想
體系的論述工作，許多重要的論籍也於此時確立，〔註121〕故東密傳統能夠顯見
顯密分立的立場。1872 年，日本明治政府命佛教各宗派規範己宗之範圍，設立
各宗管長，基本也是分立宗派的趨勢，〔註122〕故悟光到達高野山時所接觸的也
是如此顯密分立的東密傳統。因此，如悟光與一行兼用禪密的思想方式，與空
海以後的東密立場仍有區別。值得注意的是，悟光與一行的相同處除同持密教
之外，兩人皆是中國佛教文化環境下之僧侶，故中國佛教文化的薰陶甚可考慮
是影響悟光兼用禪密的因素。

　　沿此脈絡，筆者再將這種禪密關係放大爲「顯」、「密」關係，廣義來說，
悟光其實也就是援用了顯教思想來作爲密教思想的基礎與入門，而這種以顯
輔密的思考，就近代以來中國佛教文化圈的密教僧侶來說，似乎頗爲常見，
這也許與受中國佛教文化的基本性格重於心性、重於圓融有所相關。〔註123〕
若觀近現代赴日求密的僧眾，〔註124〕在返華佈教時也多有類似觀念。舉如釋
持松（1894～1972）認爲以無相之認識，入修密教爲適；〔註125〕釋顯蔭（1902
～1925）表示學顯以入密，則不致誤途；〔註126〕曼殊揭諦（生卒年不詳）也

〔註120〕呂建福：〈一行及其佛學思想〉，《密教論考》，頁 162～166。

〔註121〕呂建福：〈略論密宗教法在中日兩國的演變〉，《密教論考》，頁 294。

〔註122〕藍吉富：《認識日本佛教》（臺北：全佛文化，2007 年），頁 316。

〔註123〕荒木見悟著，廖肇亨譯：《明末清初的思想與佛教》（臺北：聯經出版，2006
　　　　年），頁 230。

〔註124〕民初時期中國佛教僧侶雖赴日求密者多，然眞正得法與著作傳世者少，除列
　　　　舉之釋持松、釋顯蔭，曼殊揭諦（原名：釋妙唵）……等僧，傳承履歷較爲
　　　　完整，著作流傳可見之外，其餘如釋大勇（1893～1929）初習東密而後轉藏
　　　　密；談玄（生卒年不詳）雖曾渡日學密，然其傳密事跡不詳……等習學東密
　　　　之僧侶的史事則甚闕聞，因此僅舉持松、顯蔭、曼殊揭諦等僧爲例作一參考，
　　　　以考量悟光顯密觀點的取徑可能與中國佛教文化養成有所關涉。

〔註125〕釋持松：《密教通關》（新北：大千出版社，2005 年），頁 34。

〔註126〕釋顯蔭：〈再論眞言密教與中華佛法之關係〉，《海潮音》第 3 期（1924 年），
　　　　頁 28。

指出顯教為基礎，密教為究竟。〔註127〕

　　持松、顯蔭、曼殊揭諦與悟光的相類之處在於——四位僧侶出身中國佛教寺院，具受足戒，同認日本東密為中國密教傳統之流傳。然而，除了求法回弘之外，對於佛教整體的看法仍然具有顯密兼用，或有以心地法門作為修行的要點，奠基顯法而入密教，慎防對密教感應諸相的曲解。此種觀點與東密堅守密教範圍修學、分立顯密的態度有所差異，〔註128〕中國佛教的僧侶表現了圓融的宗教精神特質，〔註129〕調和顯密，緩和東密顯密的基本態度，將密教的修學也涵攝了顯教法門。

　　悟光、持松、顯蔭與曼殊揭諦持論的共同點在於圓融調攝，似乎可以看出這是中國佛教文化背景的密教僧侶的共同意識。也就是，援顯輔密或重視心地修持為主，以成就密教法門之真諦。

　　悟光奠基於修學歷程及佛教文化背景，復以東密與藏密之間的思想異同，遂形塑悟光禪思觀念富有南宗禪的特質，密教觀念以東密系統為主，並援禪、般若、空性等觀念輔翼密教，以作為悟光佛學體系中的觀念及其思想之次第關係。

〔註127〕曼殊揭諦：〈與王弘願論密教書〉，《海潮音》第 14 期（1933 年），頁 211。

〔註128〕呂建福：《中國密教史（三）》（新北：空庭書苑，2011 年），頁 256。

〔註129〕方立天：〈中國佛教獨特文化的價值追求及其影響〉，《新世紀圖書館》第 12 期（2014 年），頁 17。

附錄二　釋悟光生平年表

年　份	大事紀要
1918	俗名鄭進寶，父親鄭萬只，母親林氏。國曆 12 月 5 日生於高雄州旗山郡內門庄烏山坑（現高雄市內門區光興村）。生時頸纏臍帶、兩膝跪地、雙手握拳，有如僧人懸頸念珠，雙手合掌禮佛之勢。
1927	9 歲入公學校就讀，幼年喜好信仰祭祀。
1931～1932	公學校 5 年級，預言 50 年後電線桿自地面消失，在床舖可看電影，電話不必有線，會小如收音機。
1933	請教漢學於曾讀四書的堂伯，自此喜好行善、修仙，崇尚老莊。
1933～1935	就讀旗山郡學校高等科。
1935～1938	赴東京拜訪曾教導悟光的公學校老師陳曜垣，滯日工作。後入早稻田大學學習簿記，習畢返臺。
1938	慈母見背。尊父獨立扶養子嗣 7 人，家境清寒。
1941～1946	入大阪商船學校，後開始跑船生涯約 6 年，一者為分擔家計，二者為來往外國訪師尋道、尋仙修真。
1949～1955	四處尋真訪道、無一有驗。後於高雄大社大覺寺遇禪僧點化：「煉丹就是練心，心不動曰丹，悟了心即服了丹，煉丹或坐禪都是手段，若不能了悟心，任你練幾世都是凡夫。」遂轉釋教。
1955	抵達臺南市竹溪寺，開始學佛。
1957	禮竹溪寺住持釋眼淨披剃出家，法名悟光、表字全妙。擔任書記與會計，協助眼淨弘法講經、推動寺務。
1959～1960	竹溪寺旁建「竹溪草廬」閉關約三個月。
1960	信眾請託出關協助迎請藏傳佛教的貢噶抵臺南弘法佈教，悟光隨眾皈依藏密，習學藏法。

1966	當選臺南市佛教支會第 10 屆理事。
1967	受具足戒於臺北臨濟護國禪寺。整建竹溪寺關房爲「一眞蘭若」，後經數載復更名爲「妙明精舍」，爲日後返臺弘密的第一基地。
1968	淡出藏密道場。
1969～1971	赴高雄六龜大智山觀瀑廬閉關，凡歷三載。
1971	出關。春季眼淨圓寂，協理佛事。陞任竹溪寺第三代首座。後赴日本高野山金剛峰寺求取東密法門。禮寶壽院門主龜位宣雄修學密法。6 月 15 日得度，7 月 6、7、8 日受戒，9 月 6 日～12 月 10 日加行、12 月 14 日灌頂。缽傳胎藏 54，衣承金剛 55，得法灌頂爲高野山眞言宗中院流大阿闍梨。
1972	返臺。初傳眞言教法於「一眞蘭若」。另租屋設壇，重演兩部大法。
1973	信眾捐贈臺南市府前路「龍山內院」爲佈教所。
1974	改建「龍山內院」，落成啓用，更名「眞言宗光明王寺臺南道場」，據此傳法有依。
1978	高野山眞言宗授「大僧都」僧階。
1980	創建「眞言宗光明王寺高雄道場」。
1981	創建美濃龍肚道場，開始總本山籌劃工作。陸續開講《肇論》、《永嘉證道歌》、《參同契》、《般若心經》、《即身成佛義》、《般若理趣經》等著。獲美國聯合大學夏威夷太平洋學院頒贈「榮譽哲學博士」學位。
1982	訂定總本山道場屬宗「眞言」，山號「五智」，寺名「光明王」。全銜「五智山眞言宗光明王寺」。臺南道場與高雄道場分別更名爲「光明王寺臺南道場」與「光明王寺高雄道場」。
1983	高野山眞言宗授「少僧正」僧階，允披「紫色衣」，贈「褒賞狀」。
1984	五智山光明王寺各項建設開始進行。
1982～1984	觀鑑、購買高雄縣內門鄉永興村與旗山鎮大林里交界之山坡地，凡十餘公頃。以該地爲基，興建五智山光明王寺。悟光據其地理，吟詩曰：「左旗右鼓峙楠仙，涼傘高聳入西巔。龍吟雨化圓潭月，虎嘯風雲岫口煙。玉梳橈起東方日，祿馬交騁護八邊。威音留下空王地，鎭在五智山中天。」
1985	12 月，五智山光明王寺內祇園精舍落成，並立開山紀念碑。
1986	9 月，光明王寺大殿動土。
1987	3 月，福壽塔動土興建。4 月，臨時大殿落成，並舉行萬燈供佛浴佛大法會。
1988	9 月，靜觀曼荼與祖師堂落成安座。光明王寺僧伽學修院正式開課。
1989	光明王寺五觀堂竣工。4 月，悟光徒眾分赴旗山、內門等地講經佈道。7 月，光明王寺籌建委員會成立，總裁爲本宗管長，時爲釋悟光擔任，第 1 屆主任委員爲陳秀風。

1990	3月，第1屆第2次籌建會議，決議光明王寺大殿建築工程委由蔡裕修營造公司承建。同月，悟光徒眾赴旗山、內門講經佈教。3月下旬大殿工程動工興建。4月，祇園精舍重建完工。7月，光明王寺籌建委員會第2屆第1次會議，改選施永豐爲主任委員。9月下旬，大殿第1期工程完竣。11月，大殿第2期工程動工。同年香港道場成立。
1991	3月，福壽塔開光安座。10月，阿闍梨講習班第1期次開課。
1992	7月，阿闍梨講習班第2期次開課。
1993	7月，阿闍梨講習班第3期次開課。
1994	每星期三夜間，派遣徒眾至臺南分院開課講授「密教思想與生活」，本次布教至當年底止。3月，大殿第3期工程動工，開山寮——妙光精舍動工。12月，妙光精舍竣工，悟光遷入。
1996	第三期工程完工。動工興建山門與功德碑。
1997	光明王寺大殿頂樓四小寶塔動工安裝。規劃信眾大樓、停車場等設施。
1998	光明王寺大殿南天鐵塔、萬佛寶塔、迴廊動工施造，規劃大殿後方興建大型不動明王像。
1999	光明王寺大殿竣工。2月，所有佛像遷入新大殿。10月大殿落成，佛像安座，傳授釋徹定、釋宣定大阿闍梨灌頂位，新任住持釋徹定晉山。
2000	3月，示現疾相。7月，入滅圓寂。

資料來源：釋徹定：《五智山光明王寺創建史略暨悟光金剛上師垂教錄》，頁1～20；釋徹定：《佛教真言宗五智山光明王寺》，頁73～80、152～154；釋悟光：〈滄桑回憶錄〉，釋悟光手稿。釋悟光：〈湧泉老人講古——牛蛙作怪〉；釋徹定：〈今日不建　明日必定後悔——爲彌勒國土的開創鋪路〉，《遍照之光》第1期，1990年，第2～3版。闞正宗等著：《物華天寶話開元——臺南市二級古蹟開元寺文物精華》，頁154～155。

附錄三　釋悟光著作年表

時間	著作紀要
1965	《瑜伽養生術與祕密道（上冊）》出版
1966	《瑜伽養生術與祕密道（下冊）》出版
1970	《一眞法句》出版；《生活禪》出版；《生死之道》出版（後改寫爲《死後之世界》）
1973	《祕密眞言法要彙聚》出版
1979	《佛教眞言宗道場莊嚴要覽、別行鈔并諸通用私略口訣》完稿
1981	《密教探源》出版；《密教思想與生活》出版
1984	《祕密眞言法要彙聚》再版；《祕密佛教護摩》完稿
1985	《理趣經簡要釋義》完稿
1988	《江湖風月錄》完稿
1989	《密教讀本　宗史篇》完稿；《密教讀本　教義篇》完稿；《密教讀本　實修篇》完稿；《顯密差別問答錄》完稿；《般若心經祕鍵》完稿
1990	《禪的講話》出版；《佛教眞言宗即身成佛觀》出版；《上帝之選舉》出版；〈滄桑回憶錄〉開始連載於《遍照之光》
1991	《生活禪》再版；《如來秘密訊息（上）》出版；《如來秘密訊息（下）》出版
1992	《眞言密教與巫術》完稿；《臨終不斷經》出版；〈滄桑回憶錄〉連載中止
1993	《臨終不斷經》再版
1995	《眞言密教聞中記》出版；《眞言密教即身成佛義顯得鈔》出版
1996	《臨終不斷經》再版；《顯密差別問答鈔》初稿；《新編正法眼藏》再版
1997	《密教探源》再版
1998	《瑜伽養生術與祕密道》再版
1999	《密教思想與生活》再版；《禪的講話》再版

資料來源：釋徹定：《五智山光明王寺創建史略暨悟光金剛上師垂教錄》，頁20～22；釋徹定：
　　　　《佛教眞言宗五智山光明王寺》，頁155～157；釋悟光《臨終不斷經》，高雄：五
　　　　智山光明王寺，1993年，版權頁無頁碼；釋悟光：〈滄桑回憶錄〉，《遍照之光》第
　　　　4期，1990年，第2～3版；釋悟光：〈滄桑回憶錄〉，《遍照之光》第12期，1992
　　　　年，第4版。